À LA
TABLE DES
PHILOSOPHES

Catalogage avant publication de Bibliothèque et Archives nationales du Québec et Bibliothèque et Archives Canada

Baillargeon, Normand
À la table des philosophes
Comprend des références bibliographiques.
ISBN 978-2-89077-741-5
1. Nourriture. 2. Cuisine — Philosophie. 3. Aliments — Industrie et commerce — Aspect moral. I. Titre.

TX631.B34 2017 641.01 C2017-941291-4

Notes de l'éditeur

Iconographie : toutes les recherches ont été entreprises afin de trouver les sources ou les ayants droit des images contenues dans ce livre. Cependant, l'éditeur tient d'avance à s'excuser de toute erreur ou omission dans l'attribution des crédits qu'il s'engage à rectifier lors de futures éditions.
Sources : tous les liens internet cités étaient fonctionnels en août 2017.

Illustrations
Raymond Biesinger

Design graphique
Atelier Chinotto

Éditrice
Louise Loiselle

Collaboration à la rédaction
Jean-Marie Bioteau

Suivi éditorial et révision linguistique
Marie-Claude Barrière

Recherche iconographique
Sabina Badilescu, Anne-Saskia Barthe, Jean-Marie Bioteau, Nelly Desmarais, Pierre-Antoine Robitaille

ISBN 978-2-89077-741-5
Dépôt légal : 4e trimestre 2017

Cet ouvrage a été imprimé par l'imprimerie Friesens au Manitoba, Canada, sur papier issu de sources responsables certifié FSC.

www.flammarion.qc.ca

— Normand Baillargeon —

À LA TABLE DES PHILOSOPHES

Illustrations de
Raymond Biesinger

Flammarion
Québec

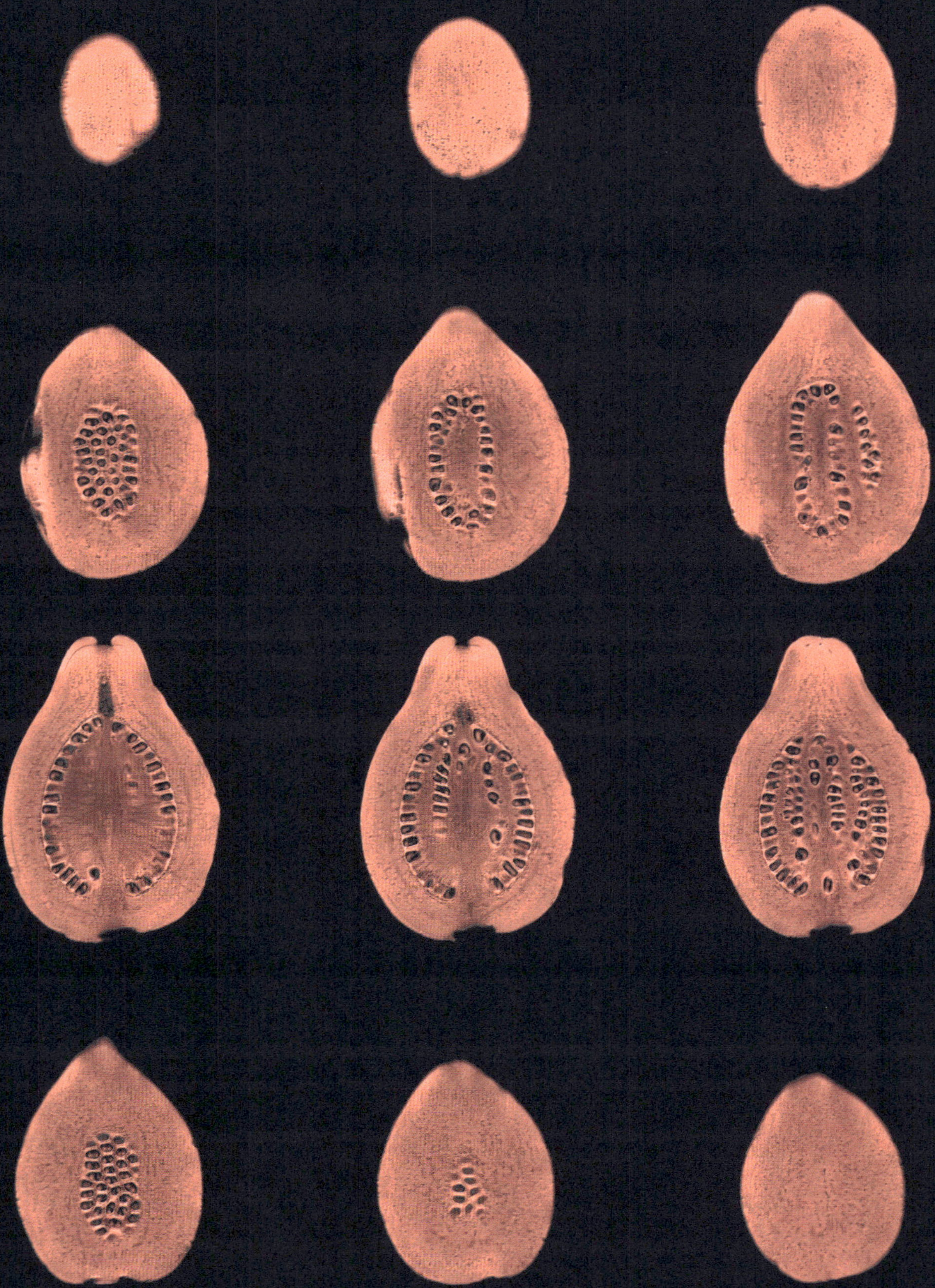

— Table des matières —

Sections transversales d'une goyave, imagerie par résonance magnétique, Alexandr Khrapichev. (Wellcome Library, Londres)

— Mise en bouche —

L'aventure de ce livre a commencé avec Ricardo. En fait, tout est de sa faute !

Comme bien d'autres, j'ai découvert avec lui le plaisir de cuisiner et j'ai souvent eu l'occasion de saluer ses talents de pédagogue. C'est donc avec un immense plaisir que j'ai appris un jour qu'il serait invité à l'émission *Dessine-moi un dimanche*, à l'antenne de Radio-Canada, dans laquelle je tenais une chronique de philosophie.

De quoi parler devant et avec Ricardo ? Quels liens ou quels ponts existe-t-il entre nos deux univers ?

Je me suis mis à y réfléchir et je me suis souvenu de certains textes de la philosophie classique où il était question de nourriture, de cuisine et d'alimentation. De tels textes, à vrai dire, ne manquent pas.

Ce matin-là, j'ai parlé d'un passage amusant d'un ouvrage d'Emmanuel Kant, austère philosophe s'il en est, consacré à... l'art de recevoir. Vous en lirez des extraits dans ce livre et conviendrez avec moi, j'en suis sûr, qu'il ne manque ni d'intérêt ni d'actualité.

La philosophie classique a en fait abondamment parlé de ces sujets et cela n'a absolument rien d'étonnant. S'alimenter est une nécessité dont nous avons fait un plaisir, autour de laquelle nous avons élaboré des rituels, et qui invite chacun de nous à s'interroger et à se faire un peu philosophe.

Cela est tout particulièrement vrai à notre époque, qui est, on en conviendra sans doute, traversée par une véritable passion pour les bonheurs de la table et les plaisirs du boire et du manger.

Ce livre vous convie à des agapes particulières, à la fois intellectuelles et culinaires.

Intellectuelles parce qu'il vous invite à méditer avec des philosophes sur des questions intrinsèquement liées à l'alimentation : y a-t-il vraiment une expertise œnologique ? Le scepticisme peut-il vous aider à résister à tous ces persuadeurs invisibles qui cherchent à vous manipuler au supermarché ? Devriez-vous devenir végétarien ? Quelles idées ou quels idéaux sous-tendent la cérémonie du thé ? Peut-on considérer la cuisine comme un art ? La réputation des grands chefs est-elle surfaite ? Et plusieurs autres.

Mais la philosophie n'est pas une activité solitaire. Dès l'origine, avec Socrate, elle se pratique grâce au dialogue et à la dialectique, l'art de discuter par un va-et-vient de questions et de réponses. Elle se pratique même autour de l'assiette, comme le montre l'exemple de Kant. Platon, lui, faisait déjà d'un banquet bien arrosé l'occasion de profonds échanges sur l'amour et sa signification.

Culinaires parce que ce livre vous propose aussi quelques recettes à titre d'illustration en lien avec un philosophe (pensons à David Hume et à la soupe à la reine), un cuisinier (Apicius et son ragoût d'autruche des provinces africaines) ou un sujet traité (le stoïcisme et l'humble pain aux raisins).

En lançant vos invitations, vous pourrez aussi déjà annoncer de possibles sujets de discussion et suggérer quelques lectures qui sauront faire de ces repas conviviaux un moment que vos invités ne seront pas près d'oublier.

Et, à présent, à table ! À la table des philosophes. ♦

Normand Baillargeon

— Chapitre 1 —

GOULEYANT, ASTRINGENT OU CHARNU ?

QUAND LE VIN EST ACCUSÉ DE TOUS LES « MOTS »

Lorsqu'il s'agit de déguster un vin, nous nous laissons souvent impressionner par les « spécialistes » qui ne manquent pas de mots pour faire savoir qu'ils savent. En suivant le précepte de Ludwig Wittgenstein (1889–1951), selon lequel « sur ce dont on ne peut parler, il faut garder le silence[1] », nous conservons nos impressions pour nous. Mais n'est-ce pas faire offense à notre jugement que de nous croire incapables d'exprimer ce que notre palais ressent ? Méfions-nous ! Au royaume des humbles, les beaux parleurs sont souvent les rois !

Banquet ou symposium : blanc bonnet et bonnet blanc

Dans la Grèce antique, un banquet — aussi appelé « symposium » — réunit un groupe d'amis, tous des hommes, chez l'un d'entre eux, assez fortuné pour assurer les frais de la fête.

Il comprend deux parties : le repas, puis les libations. Cette seconde partie, nommée « symposium » — qui signifie « réunion de buveurs » —, est la partie la plus longue. Le fait qu'on y boit surtout du vin explique qu'elle peut finir en beuverie. C'est elle qui donne son nom à l'ensemble.

Les symposiums sont si appréciés dans l'Antiquité qu'ils donnent naissance à un genre littéraire : le banquet. Le plus célèbre d'entre eux est celui de Platon, l'un de ses plus beaux dialogues qui est consacré à l'amour. Mais Xénophon a lui aussi écrit un *Banquet* et *Les propos de table* de Plutarque appartiennent au même genre, tout comme *Le banquet des sophistes* d'Athénée.

« Le vin procure aux sages une ivresse pareille à celle des Élus. Il nous rend notre jeunesse, il nous rend ce que nous avons perdu et il nous donne ce que nous désirons. Il nous brûle comme un torrent de feu, mais il peut aussi changer notre tristesse en eau rafraîchissante. »

Omar Khayyam

Quand le symposium s'impose

Les amis se rendent au domicile de leur hôte, sans doute en après-midi puisque leur vie est réglée sur le soleil. Il est probable qu'un de ces pique-assiettes — que la littérature moquera souvent — a trouvé le moyen de se faire inviter, afin de bien boire et bien manger gratuitement.

Les invités sont accueillis par les esclaves de la maison. Ils se déchaussent. Ceux-ci lavent les pieds de ceux-là et, à l'occasion, déposent sur eux des fleurs, des guirlandes ou d'autres ornements. Ils sont ensuite conduits dans la salle où doit se tenir le symposium, à la rencontre de leur hôte. Ce dernier assigne à chacun un lit garni de coussins sur lequel il va manger, seul ou accompagné. Ces places sont attribuées selon un code où entre en jeu le prestige des invités. Les places les plus près de l'hôte sont les plus convoitées.

Bientôt, les esclaves apportent des plats qu'ils déposent sur chaque table près de chaque lit. Dans la Grèce archaïque, c'est-à-dire durant la période la plus reculée de la Grèce ancienne, celle d'Homère, la nourriture est moins raffinée qu'elle ne le sera plus tard. On y mange beaucoup de viande d'animaux chassés, grillée sans façon. Les cérémonies de culte et autres festivals qui ponctuent l'année ressemblent le plus souvent à de gigantesques barbecues. Ce sont autant d'occasions de distribuer de la viande grillée au peuple. Et c'est d'ailleurs lors des fêtes en l'honneur de Dionysos, dieu de la vigne, de la démesure et des excès, que se développe peu à peu le théâtre.

À l'âge classique, l'époque de Socrate et de Platon, la cuisine se raffine et ressemble déjà à la cuisine méditerranéenne que nous connaissons. On mange moins de viande, laquelle ne vient plus

1. Ludwig Wittgenstein, *Tractacus logico-philosophicus*, Paris, Gallimard, coll. « Tel », 1993, p. 31.

vraiment de la chasse. On élève plutôt le porc, la chèvre et l'agneau, et ces deux dernières espèces sont aussi prisées pour leur lait et le fromage qu'on en tire.
Le pain, l'olive, le vin, le raisin, les légumes, les escargots, le lapin, les fines herbes (thym, basilic, menthe, coriandre, cumin, etc.), les œufs, les poules, les canes et les cailles constituent ces repas que l'on termine avec des gâteaux, des noix et des fruits ou encore une sorte de yogourt, l'*oxylaga*, que l'on mange volontiers avec du miel. On consomme aussi beaucoup de poissons et de fruits de mer, fournis par une mer généreuse qui n'est jamais très loin.

Quand libations riment avec conversations

Dès le début des libations, l'usage veut que l'on désigne, par tirage au sort à l'aide de dés, un « symposiarque » ou roi du banquet. Ce dernier agit comme maître de cérémonie. Ses tâches, importantes et délicates, exigent du doigté tant le succès de la rencontre en dépend. Il doit s'assurer du bon déroulement des conversations, dont il peut même choisir les sujets. Mais surtout, c'est lui qui décide du vin et du nombre de toasts qui seront portés et bus. Certains sont obligatoires.

Le vin grec de cette époque est particulièrement fort et il faut impérativement le couper pour le boire, et ce, généralement avec de l'eau, dans diverses proportions.

Pour chaque toast, un peu de vin est versé sur le sol, puis les coupes sont levées et bues en l'honneur d'un dieu ou de personnages admirés de tous. Parfois, on lève son verre en l'honneur d'une personne aimée. On verse alors aussi le reste de sa coupe sur le sol. De cette pratique naît un jeu, appelé « cottabe », qui consiste à tenter de projeter le vin de sa coupe dans un récipient. Si on manque son coup, on reçoit une punition, comme courir nu autour de la pièce, par exemple.

Enfin, des courtisanes, des danseurs et danseuses, des musiciens et poètes peuvent contribuer au divertissement des convives.

On peut regretter qu'à l'époque moderne ces symposiums n'aient plus cours et qu'ainsi la philosophie soit privée d'un décor privilégié où s'épanouir. Pour autant, au mépris de toute chronologie, rien n'empêche de réunir des philosophes à la faveur d'un symposium où le vin pourrait être le sujet de conversation. Dont acte. Un petit verre d'anachronisme n'a jamais fait de mal !

Symposium. (Wellcome Library, Londres)

Propos œnologiques ou le festin de Kant

En guise d'introduction, comme dans toute bonne pièce de théâtre, il importe de nommer les protagonistes et d'esquisser en quelques mots qui ils sont. Il y va de la réussite de ce symposium imaginaire.

Platon (428–348 av. J.-C.) est évidemment le célèbre philosophe grec. Il a bien des choses à dire sur le vin, comme il en a sur tout.

Omar Khayyam (1048–1131) est un mathématicien, astronome et poète persan pour lequel le vin a beaucoup compté.

Thorstein Veblen (1857–1929) est un économiste et sociologue américain.

Hans Guttenwein est un œnologue autrichien — qui n'a jamais existé ailleurs que dans ce symposium imaginaire.

Emmanuel Kant (1724–1804), l'hôte de ce banquet, est l'éminent philosophe allemand. On a parfois du mal à le croire, mais ce sévère penseur du Siècle des lumières aimait recevoir des amis le midi, devant un bon repas arrosé d'un peu de vin. Il a même des idées très arrêtées sur la conduite de la chose.

Emmanuel Kant.

Le symposium kantien

Kant

Mes amis, je vous souhaite la bienvenue à ce banquet que nous avons convenu de consacrer à des discussions philosophiques sur le vin. Rassurez-vous, on en boira également.

Khayyam

Je vous félicite de ce choix. Enfin un peu de sérieux parmi les philosophes ! J'ai écrit dans un *rubaï*[2] ce qu'il convient de dire au seuil de ce banquet :

« Un peu de vin pour moi vaut mieux que les royaumes
De tous les rois défunts, et mieux que tous leurs trônes
Chaque soupir que poussa l'amant au matin
Vaut mieux que les lamentations des faux bonshommes »

Par quel vin commençons-nous ?

Platon

Au risque de vous étonner, cher Omar, j'ai moi aussi fait l'éloge du vin.

Kant

Vraiment, Platon ? Je n'ai pas souvenir d'avoir lu cela chez vous.

2. Quatrain arabo-persan.

Emmanuel Kant et ses amis à Königsberg, tableau d'Emil Doerstling, 1892.

Platon

Sans doute parce que cela se trouve dans mes *Lois*, un dialogue inachevé et qu'on lit moins, cher Emmanuel. La vérité me contraint toutefois de dire que, comme il se doit et comme elle l'exige, j'ai aussi, dans le même livre, mis en garde contre les dangers du vin. Qu'on me permette de me citer en rappelant cet échange entre l'Athénien et Clinias :

> **« L'ATHÉNIEN — Est-ce que l'effet du vin n'est pas d'intensifier nos plaisirs, nos peines, nos colères et nos amours ?**
> **CLINIAS — Oui, et de beaucoup.**
> **L'ATHÉNIEN — Et nos sensations, notre mémoire, nos opinions, nos pensées n'en deviennent-elles pas aussi plus fortes, ou plutôt n'abandonnent-elles pas l'homme qui s'est gorgé de vin jusqu'à l'ivresse ?**
> **CLINIAS — Elles l'abandonnent entièrement.**
> **L'ATHÉNIEN — N'arrive-t-il pas au même état d'âme que lorsqu'il n'était encore qu'un petit enfant ?**
> **CLINIAS — Sans doute.**
> **L'ATHÉNIEN — Alors, il n'est plus du tout maître de lui.**
> **CLINIAS — Plus du tout.**
> **L'ATHÉNIEN — Ne pouvons-nous pas dire qu'il est alors dans l'état le plus mauvais ?**
> **CLINIAS — Le plus mauvais, et de beaucoup.**
> **L'ATHÉNIEN — Ce n'est donc pas seulement, semble-t-il, le vieillard qui retombe en enfance, mais aussi l'homme ivre.**
> **CLINIAS — Tu ne pouvais mieux dire, étranger[3]. »**

Kant, sentant la conversation devenir privée.

Mes amis, je pense que tous conviendront que le vin est comme cette langue d'Ésope et peut engendrer le meilleur et le pire. Mais, puisque nous sommes entre philosophes, c'est d'une question plus philosophique que je voudrais qu'on discute, si toutefois vous le voulez bien : celle de l'objectivité possible du jugement de goût en matière de vin.

Platon

Justement, Emmanuel. Je constate que nous ne sommes pas qu'entre philosophes. Outre nous deux, il y a Veblen qui, bien qu'économiste, appartient à la confrérie de ce cher Omar, que ses grandes réalisations de mathématicien me rendent sympathique et à qui rien de ce qui est philosophique n'est étranger. Mais, dis-moi, qui est cet homme que tu ne nous as pas encore présenté ?

3. Platon, *Les Lois*, Livre I, traduction d'Émile Chambry.

Monks in a cellar, tableau de Joseph Haier, 1873.
(The Cheltenham Trust and Cheltenham Borough Council/Bridgeman Images)

Petite philosophie kantienne de la table

L'œuvre de Kant est une source inépuisable pour apprendre à conduire sa vie, souvent d'une façon plus pratique qu'on ne le pense. Tirée de son *Anthropologie du point de vue pragmatique*, voici une leçon de savoir-vivre qui n'a rien à envier aux meilleures pages de nos magazines.

- Il est souhaitable de ne pas manger seul : les repas pris en compagnie sont une manifestation de notre véritable humanité raffinée ;

- Le nombre de convives est important. Outre l'hôte, on devrait trouver à table pas moins de convives que les Grâces (3) et pas plus que les Muses (9) : 4 à 10 personnes est donc l'idéal à viser ;

- Écouter de la musique à table est une monstruosité de mauvais goût. Le repas est un moment de conversation, il devrait procurer ce plaisir de la compagnie mutuelle, tout autant que le plaisir de manger ;

- À une table bien garnie où on mange longtemps, la conversation devrait passer par trois moments : celui du récit, où on donne et prend des nouvelles des convives et de leurs connaissances ; celui du raisonnement, où on discute et débat de divers sujets plus (ou moins) sérieux — cela aiguise l'appétit pour les mets et la bouteille ; celui des jeux d'esprit et des plaisanteries, enfin, qui reposent de ce qui précède et prépare la digestion ;

- Se rappeler que prendre un repas ensemble, c'est se témoigner respect et confiance ;

- Choisir des sujets sur lesquels tous pourront parler avec assurance ;

- Permettre que s'installent des pauses, mais pas de silence mortel ;

- Éviter le papillonnage d'un sujet à un autre et aussi les conversations privées ;

- Ne pas laisser naître ou se prolonger la prétention à avoir le dernier mot : la conversation à table est un jeu et non un combat ;

- Se rappeler que le ton importe autant que le contenu, surtout sur les sujets sérieux.

Source : Emmanuel Kant, *Anthropologie du point de vue pragmatique*, 1re partie, III, paragraphe 88, Paris, Flammarion, 1993.

Kant
Je suis désolé de ma négligence. Cet homme est M. Hans Guttenwein. Il est œnologue, c'est-à-dire spécialiste du vin et de son appréciation. J'ai pensé que sa présence parmi nous serait utile à nos échanges.

Platon
Parce qu'il est un expert ! Mais justement : existe-t-il une expertise en la matière et comment le saurons-nous ?

Veblen
Je reconnais là votre sagacité, cher Platon. Voilà, il me semble, la question dont il nous faut partir. Et, pour ce qui est de définir l'expertise, ne faites pas le modeste. Comme à peu près tout le monde en Occident depuis vos écrits, nous nous fonderons sur votre définition du savoir : l'opinion vraie justifiée. À ce propos, vous avez sans doute entendu parler d'Alfred North Whitehead qui a écrit, à peine en boutade, que toute la philosophie occidentale consiste en notes en bas de page de vos écrits...

Thorstein Veblen,
tableau d'Edwin B. Child, 1934.
(Yale University Art Gallery)

Platon*, un peu gêné, mais souriant.*
Et mes textes ne sont que les notes en bas de page des non-écrits de Socrate...

Tous rient de bon cœur.

Khayyam
Voici ce dont tous ici conviendront. Savoir quelque chose, comme l'a dit Platon, c'est exprimer une opinion qui est vraie et la tenir telle pour de bonnes raisons. Un expert dans un domaine donné est donc une personne dont on peut penser qu'elle exprimera des opinions conformes à la vérité et qu'elle ne le fera pas par hasard, mais en vertu de bonnes raisons. S'agissant d'experts en vin, la question est donc de se demander s'il existe ou non un tel savoir qui fonderait l'expertise.

Tous acquiescent... Et tous se tournent vers Guttenwein.

Guttenwein
Vous pourrez apporter des précisions philosophiques plus tard, mais, pour le moment, convenons que nous percevons le monde à travers nos sens. Ces données sont bien entendu subjectives, dans la mesure où c'est bien moi qui ressens telle ou telle sensation. Si les choses en restaient là, il n'y aurait plus rien à dire, et le vieil adage latin, *De gustibus non est disputandum* (« Des goûts, on ne discute pas »), prévaudrait. J'aime ce que je ressens en buvant une gorgée de ce vin. Vous pas ? Tout est dit et rien ne peut être en débat entre nous.

« Earth could not answer ; nor the Seas that mourn », illustration photographique d'Adelaide Hanscom dans *The Rubaiyat of Omar Khayyam*, 1912.

Khayyam
Puisque, pour l'instant, on ne nous a toujours pas offert de vin, on ne peut même pas être en désaccord sur son goût !

Kant, exhibant une bouteille déjà débouchée.
Quel mauvais hôte je suis ! Pardonnez-moi. Je vous suggère pour commencer ce vin des Canaries. Il me plaît beaucoup. (*Kant le sert à ses invités.*) Ce qui, comme le dit notre ami, est purement subjectif. Si vous le trouvez infect, cela ne m'inciterait pas à vous contredire. De plus, il va de soi que, si vous connaissez mes idées en matière d'esthétique, ce jugement est de toute façon intéressé et ne peut donc être un véritable jugement esthétique. Mais revenons à notre ami. Ce jugement purement subjectif est ce dont vous vous occupez dans votre métier. Étrange profession que la vôtre...

Guttenwein
Mais, voilà, professeur Kant, les choses n'en restent pas là. Tous les arts reposent d'abord sur des sensations subjectives : des sons pour la musique, des couleurs et des formes pour la peinture ou l'architecture et ainsi de suite. Mais ces perceptions subjectives sont rapportées à des normes qui permettent de les évaluer par qui connaît ces normes, exerce et éduque ses sens de manière à porter un jugement plus éclairé. Qui ignore la musique baroque ne peut être compétent pour juger une œuvre de Bach. Il en reste à sa sensation subjective. Et de la même manière pour tous les arts et toutes leurs variétés — de la musique baroque au rap, en passant par le jazz.

Platon
Si nous admettons cette prémisse, des choses importantes s'ensuivent.

Guttenwein
Je savais bien que vous le verriez aussitôt.

Platon
En voici une. En portant un jugement sur une œuvre, je peux simultanément la trouver objectivement réussie, parce que conforme aux normes qu'elle veut incarner, et ne pas l'aimer. C'est mon cas pour les écrits de ce peintre moderne... son nom m'échappe.

Khayyam
Laissez-moi vous tirer d'affaire avec un exemple pertinent, mais inversant, comme cela se peut, ce que vous alliez dire. On peut juger admirable une œuvre musicale et trouver pitoyable une performance offerte à un moment ou à un autre.

Guttenwein

Exactement. Et ce fait très particulier s'applique justement au vin. On peut ainsi, et sans contradiction aucune, ne pas aimer le champagne et en décrire un en particulier en énumérant toutes ses perfections et en donnant des raisons pour le qualifier ainsi. Pour cela, le jugement porté doit être éduqué afin de saisir ce qu'il y a de valable ou non dans cette incarnation éphémère (cela ne dure que le temps d'une gorgée…) d'une essence idéale, pour parler comme Platon. Pour y parvenir, on doit connaître les cépages, les saveurs, les arômes, les tanins et même les structures sensorielles d'une famille de vins ou une autre. Ce vin est-il floral, fruité, végétal, minéral, épicé ?… Ces jugements sont en outre historicisés et circonstanciels, et cela encore s'apprend : cette année a été mauvaise pour ce vin ; on a changé ceci ou cela dans l'élaboration d'un autre, en telle année, avec certains effets.

Kant

Qu'en pensent nos amis ?

Khayyam

Je pense que vous avez solidement établi que l'appréciation du vin est une candidate possible, sinon au statut d'art, au moins à l'obtention du statut d'objectivité. Mais cette candidate, je le crains, échouera à l'examen d'entrée. Une des raisons en est que, de tous nos sens, le goût, du moins chez nous, êtres humains modernes, est le moins développé. D'ailleurs, en 2011, le psychologue Richard Wiseman rapportait une instructive quoique malicieuse petite expérience : à l'aveugle, les gens étaient absolument incapables de distinguer un grand cru d'une piquette[4] !

Veblen

Voilà une objection qui demande réponse.

Guttenwein

Elle ne sera pas difficile à formuler. Je pourrais chipoter sur la méthodologie employée dans cette étude, où on ne demandait pas de comparer deux vins, mais d'en juger un à la fois et de le déclarer de bonne ou de mauvaise qualité. De toute façon, cette expérience ne contredit pas ma thèse, mais la confirme, car ces personnes, justement, n'étant pas des experts, leur jugement n'était pas informé. Il vaut ce que vaut le jugement d'une personne qui n'a jamais écouté que du rap à la première écoute d'une fugue de Bach : rien. Quant à votre évocation de la pauvreté relative du sens du goût, j'y oppose deux arguments. Le premier est que ce sens s'éduque, comme tous les autres, et vous en avez implicitement convenu en rappelant que, chez nos ancêtres, il a sans doute été plus perfectionné. Le second est que l'appréciation experte du vin n'est pas qu'affaire de goût.

4. Richard Wiseman, « Expensive wine and cheap plonk taste the same to most people », *The Guardian*, 14 avril 2011. [www.theguardian.com/science/2011/apr/14/expensive-wine-cheap-plonk-taste]

Comment organiser une dégustation à l'aveugle

Par Marc Chapleau

Une fois les trois ou quatre personnes rassemblées (mieux vaut se livrer à cet exercice en petits comités), fixez-vous un thème et un budget. Disons « Languedoc rouge ». Rendez-vous à la SAQ Sélection la plus proche et procurez-vous quatre vins de cette région de prix variés, en diversifiant le plus possible les appellations et les millésimes. (Achetez chaque bouteille en double, au cas où l'une d'entre elles serait bouchonnée.) Plus votre choix sera hétéroclite, plus il risquera d'y avoir des différences entre chaque vin, et plus il y aura matière à discuter et à échanger.

Avant la dégustation, rafraîchissez les vins en plaçant les bouteilles au frigo pendant une bonne heure. Ensuite, cachez les bouteilles dans des sacs en papier ou couvrez-les entièrement de papier d'aluminium, et apposez un numéro sur chacune d'entre elles. Remplissez au tiers les verres à dégustation (ceux dont le ballon se referme vers le haut). Une fois tout le monde servi, le grand jeu commence.

Le silence est d'or — Consacrez une dizaine de minutes à déguster le vin en silence et jetez sur papier quelques notes ou impressions, de préférence succinctes.

Pas de censure ! — Le meneur ou la meneuse de jeu donne ensuite la parole à chacun, à tour de rôle ; chaque participant livre alors ses impressions franchement, sans se censurer : « J'ai surtout aimé le numéro 3. Je trouve qu'il a un bon goût qui dure. Par contre, j'ai détesté le premier ! Ces odeurs d'étable, très peu pour moi, merci ! »

Un peu de discipline — L'instigateur de la dégustation ou l'animateur désigné ramène au besoin tout le monde à l'ordre et donne un sens à l'expérience. Même s'il n'est pas lui-même un grand amateur de vin, il doit pouvoir réorienter les discussions et ramener inlassablement l'objet du débat sur le tapis : « [...] Pour en revenir aux vins, y en a-t-il tout de même un qui vous a plu davantage et que vous achèteriez ? Pourquoi ? Pour son goût, son côté peu corsé ou, au contraire, très corsé ? Toi, Louis, tu n'as pas encore dit un mot. Qu'en penses-tu ? »

Devez-vous recracher chaque gorgée de vin ? Oui, peut-être, si vous allez au resto après la dégustation, par exemple. Sinon, avalez votre vin la tête en paix.

Voilà pour les grandes lignes. On peut décliner de mille et une façons ce genre de « cépage party », dont l'envergure ne sera limitée que par votre imagination et... votre portefeuille !

Source : Marc Chapleau, « Comment organiser une dégustation de vin », *Les Affaires*, 3 septembre 2010. [www.lesaffaires.com/passions/art-de-vivre/comment-organiser-une-degustation-de-vin/517999]

On apprend à l'estimer d'abord en le regardant, puis en le sentant, avant de le porter à sa bouche pour le goûter et de conclure à la lumière de ces trois opérations.

Kant

Mon ami me semble avoir bien répondu aux objections qu'on lui a faites.

Veblen

C'est exact. Mais il y en a d'autres, plus graves et à mon sens bien plus difficiles, voire impossibles, à réfuter.

Kant

Eh bien ! soumettez-les, mon cher. D'autant qu'on ne vous a guère entendu jusqu'ici.

Veblen

Mes objections proviennent de recherches menées, comme il se doit, sur des experts présumés. En voici une première, qui suggère que les spécialistes eux-mêmes n'ont pas le goût aussi développé qu'ils le prétendent. On a en effet fortement suggéré qu'ils ne distinguent en réalité que trois ou quatre saveurs, même s'ils soutiennent en reconnaître six voire plus, et que cette limite est biologique, la pratique ne pouvant pas permettre de la franchir[5]. En voici une deuxième. M. Robert T. Hodgson aime le vin et en produit lui-même. Il est aussi professeur de statistique à la retraite. M. Hodgson s'étonne des variations de notes attribuées à ses vins par les connaisseurs lors des compétitions auxquelles il prend part. Cela lui donne l'idée de soumettre trois fois de suite le même vin à des experts les yeux bandés. Et pas n'importe quels experts, ceux de la California State Fair Competition, un concours des plus réputés dans le monde de l'œnologie. Sur une échelle de 80 à 100, les notes accordées varièrent en moyenne de plus ou moins 4 points ! Pour le même vin ! Certains firent moins bien encore et aucun ne fit mieux qu'un écart de plus ou moins deux points[6]. En voici une troisième, plus troublante encore. En 2001, Gil Morrot, Frédéric Brochet et Denis Dubourdieu ont soumis à 54 spécialistes 2 verres de vin, l'un blanc, l'autre rouge[7]. Les commentaires des experts convenaient en effet au vin rouge pour le rouge et au vin blanc pour le blanc, décrivant chaque fois le vin selon le vocabulaire approprié. L'ennui, c'est qu'il s'agissait de deux vins blancs, dont l'un avait été teint en rouge avec un colorant alimentaire. Aucun, absolument aucun expert, ne l'avait remarqué !

Je pourrais continuer longtemps, mais les recherches crédibles menées sur le sujet donnent à penser qu'il n'y a pas derrière l'appréciation du vin cette expertise que l'on aime souvent y voir. Je ne nie pas que le goût s'éduque ou qu'on puisse apprendre bien des choses

5. Andrew Livermore et David G. Laing, « Influence of training and experience on the perception of multicomponent odor mixtures », *Journal of Experimental Psychology: Human Perception and Performance*, vol. 22, n° 2, avril 1996, p. 267-277.
6. Robert T. Hodgson, « An Examination of Judge Reliability at a major U.S. Wine Competition », *Journal of Wine Economics*, vol. 3, n° 2, automne 2008, p. 105-113.
7. Gil Morrot, Frédéric Brochet et Denis Dubourdieu, « The Colors of Odors », *Brain and Language*, vol. 79, n° 2, novembre 2001, p. 309-320. [doi: 10.1006/brln.2001.2493]

sur le vin, mais je pense que cela ne fournit pas une expertise digne de ce nom à laquelle on devrait s'en remettre en décidant quoi acheter et quoi boire. Chacun devrait se fier à son goût.

Kant
Mais cela nous place alors devant une difficulté : comment expliquer cette frénésie consumériste que suscite le vin ? Les prix parfois astronomiques de certaines bouteilles, ces celliers particuliers, ces cérémonials, ce vocabulaire spécialisé, ces revues et ainsi de suite ?

Veblen
Pour ma part, en tout cas, je répondrai en évoquant ma théorie de la consommation ostentatoire. Le vin, en partie du moins, est un de ces biens que la classe des loisirs consomme pour montrer qu'elle peut se le payer, dans un mélange de vanité et de démonstration, et ainsi faire valoir sa capacité à dépenser pour des choses superflues. En ce sens, plus c'est cher, mieux c'est !

Khayyam
Ce serait, en somme, une sorte de snobisme. Mais même en l'admettant, même en convenant qu'il n'y a sans doute pas en matière de goût de vin cette expertise dont certains se réclament, il me semble que, en rester là, c'est manquer quelque chose d'important à son propos.

Kant
Quoi donc, selon vous, mon cher Khayyam ?

Khayyam
Consommer du vin, comme l'a un peu rappelé Guttenwein, est une expérience intime qui fait appel à notre mémoire et à nos connaissances, même si elles sont imparfaites. Un acte qui nous ancre dans une histoire, une culture. C'est aussi, le plus souvent, une expérience sociale de partage, semblable à ce que l'on ressent à l'audition en salle d'une œuvre musicale. Expérience qui diffère autant de l'écoute d'un disque de la même œuvre en solitaire que boire en bonne compagnie diffère de boire seul.

Kant
Joliment dit. Mais je m'attendais à ce que vous parliez d'ivresse.

Khayyam
D'ivresse, justement. Et pas d'ébriété, car être ivre n'est pas la même chose qu'être soûl. Je pense que notre ami Platon aurait dû parler de soûlerie dans le dialogue de son cru qu'il a cité. Mais je lui pardonne, parce que c'est bien chez lui qu'on trouve cet éloge du vin et de l'ivresse que je veux vous rappeler :

« Ce dieu, en donnant le vin aux hommes, leur a procuré un remède pour adoucir l'austérité de la vieillesse, remède qui nous rajeunit, nous fait oublier nos chagrins, amollit la dureté de notre caractère, en sorte que, comme le fer placé dans le feu, il devient ainsi plus malléable[8]. »

Kant

Mes amis, le moment n'est-il pas venu de porter un toast au fils de Zeus et de Sémélé auquel nous devons le plaisir de nous retrouver pour ce symposium ? À Dionysos, ou à Bacchus si vous préférez, puisqu'il s'agit du même dieu, celui de la vigne, du vin et du délire mystique.

Tous lèvent leur verre en chœur. ♦

8. Platon, *Les Lois, ibid*.

The Wine Committee. (Library of Congress)

SUJETS DE CONVERSATION À TABLE

①
Apportez une bouteille de vin rouge ou blanc que vous aurez soigneusement emballée dans du papier pour qu'on ne connaisse pas son lieu d'origine. Commencez la dégustation en invitant tour à tour chacun des convives à le qualifier. Demandez ensuite son lieu d'origine et enfin son coût. Retirez l'emballage et amusez-vous à comparer vos réponses.

②
Demandez à chaque invité s'il sait le nombre de verres auquel il doit se limiter pour avoir une consommation d'alcool hebdomadaire raisonnable et responsable. Priez-le ensuite de déterminer le degré d'alcool du vin qu'il a dans le verre devant lui.

③
Invitez les convives à comparer leur manière de consommer de l'alcool. Quel est le plus difficile, la consommation hebdomadaire régulière et modérée ou la consommation ponctuelle et soutenue ? Faut-il bannir le vin ?

LECTURES SUGGÉRÉES

→ Eugenia Salza Prina Ricotti, *L'arte del convito nella Grecia antica*, 2005. Traduit en anglais par Ruth Anne Lotero sous le titre *Meals and Recipes from Ancient Greece*, Los Angeles, J. Paul Getty Museum, 2007.

→ Omar Khayyam, *Rubayat* (ou *Les quatrains*), nombreuses éditions et traductions.

→ Roger Scruton, *Je bois donc je suis*, Paris, Stock, coll. « Essais et documents », 2011.

→ *Wine & Philosophy: A Symposium on Thinking and Drinking*, sous la direction de Fritz Allhoff, Oxford, Blackwell, 2008.

→ Barry C. Smith, *Questions of Taste: The Philosophy of Wine*, Oxford, Oxford University Press, 2007.

T
PASTEURIZED
HOMOGENIZED
JUS

— Chapitre 2 —

PÉCHÉ DE GOURMANDISE

LE PLUS BEAU DES SEPT PÉCHÉS CAPITAUX ?

On dit parfois qu'en affirmant que « l'homme est la mesure de toutes choses[1]... » Protagoras (v. 486–410 av. J.-C.), un sophiste de l'Antiquité, aurait bêtement voulu soutenir que « tout est relatif ». C'est sans doute manquer de générosité à son endroit. Quoi qu'il en soit, ce qui peut paraître de la gourmandise pour l'un n'est peut-être en effet qu'un solide appétit pour l'autre. Tout est question de mesure et de subjectivité. Et c'est précisément ce qui anime la réflexion de Thomas d'Aquin lorsqu'il se demande si la gourmandise est véritablement un péché. Dans ce cas, à l'opposé, le fait de jeûner ne constituerait-il pas aussi un péché d'orgueil ? Sur les traces de celui qui devint « saint » par la canonisation en 1323, on peut prolonger la réflexion de Protagoras en se demandant : la gourmandise est-elle un péché si capital que ça ?

Vol-au-vent au bœuf

Midi. Réfectoire d'une abbaye médiévale. Les moines terminent leur repas en écoutant la lecture de l'un des leurs, comme c'est l'usage.

Soudain, le silence obligatoire est rompu par de jeunes frères facétieux. Ces derniers s'agitent devant une fenêtre, le regard tourné vers l'extérieur. Ils s'exclament, enthousiastes :

– Un bœuf qui vole ! Venez voir, c'est extraordinaire ! Il y a dehors un bœuf qui vole !

Connaissant leur goût pour les plaisanteries, personne ne bouge. Mais ils insistent et invitent un moine de leur âge à être témoin du spectacle. Ce dernier, assez corpulent au demeurant, se lève. L'air sérieux, il s'approche et jette un coup d'œil par la fenêtre. Il n'y a évidemment rien à voir, et les jeunes moines d'éclater de rire.

– Regardez, le Bœuf muet a cru qu'il y avait dehors un bœuf volant. Un bœuf volant !

Le moine ainsi moqué, qu'ils ont surnommé « le Bœuf muet », reste calme et les observe avec tristesse. Impassible, il attend que leurs rires cessent. Lorsqu'ils se sont tus, il dit simplement, avant de regagner sa place :

– Je suis venu parce que je considérais l'existence d'un bœuf qui vole plus probable que celle de moines qui mentent.

Le nom de ce moine ? Thomas d'Aquin (1225–1274).

Cette histoire, dont il existe différentes versions, est peut-être une légende urbaine. Toutefois, elle joue sur certains traits de caractère du jeune Thomas d'Aquin. C'est en effet son air quelque peu timide et réservé, au point de sembler balourd, ce qu'il n'était absolument pas, qui explique la moquerie dont il est l'objet.

Ses camarades l'avaient plus précisément surnommé « le Grand Bœuf muet de Sicile ». Lorsque ce sobriquet arriva aux oreilles d'un de leurs maîtres, Albert le Grand, ce dernier prédit : « Les mugissements de ce bœuf retentiront dans tout l'univers. »

La suite ne lui donnera pas tort.

« Les péchés sont les courants qui alimentent la vie, et continuellement, la transportent vers ses renouveaux. »

Marcel Aymé

Un bœuf muet qui a beaucoup à dire

Né en Italie, Tommaso d'Aquino fréquente d'abord une école dans le Latium, dirigée par des Bénédictins, avant d'entrer à l'Université de Naples. Dans cette même ville, il rejoint ensuite les Dominicains, un ordre religieux tout nouvellement fondé (1215). Envoyé à Paris, il y étudie sous la houlette de l'éminent théologien aristotélicien Albert le Grand. Ce dernier le prend sous son aile et l'entraîne avec lui parfaire ses études à Cologne.

Devenu professeur, il enseigne à Paris, puis, pendant 10 ans, en Italie, avant de revenir dans la capitale française. Bourreau de travail, Thomas d'Aquin écrit un nombre considérable d'ouvrages dans

1. Cité par Aristote dans *Les écoles présocratiques*, édition établie par Jean-Paul Dumont, Paris, Gallimard, 1991, p. 673.

À la table des moines

Les monastères médiévaux, qui aspirent à être le moins possible dépendants de la société, se veulent autarciques, autosuffisants, tant sur le plan spirituel que matériel.

Une communauté peut avoir, sur place ou à proximité, un jardin potager, un jardin d'épices, un étang à poissons et un verger. La forêt environnante, le cas échéant, fournit des baies, des noix, du miel et des animaux comestibles.

Chez les Bénédictins, on mange selon la recommandation de la règle de saint Benoît. Cela veut dire, tous ensemble dans un réfectoire, en silence (seuls les signes sont autorisés), tandis qu'un moine fait la lecture.

On boit de l'eau, mais aussi du vin provenant du vignoble du monastère, de la bière et même divers alcools, tous préparés par les moines eux-mêmes.

Saint Hugues au réfectoire des chartreux,
tableau de Francisco de Zurbarán, 1630-1635.

lesquels il propose une réconciliation des doctrines d'Aristote avec celles de l'Église, de la Raison et de la Foi. Il s'efforce de montrer que les enseignements de la Bible, donnés pour vrais, sont compatibles avec ceux d'Aristote (le « maître de ceux qui savent », comme on l'appelait alors), qui ne les contredit donc pas.

En décembre 1273, durant une messe, il voit quelque chose de troublant, qui est diversement décrit comme une expérience spirituelle ou une crise cardiaque !

Il cesse alors d'écrire, assurant que tout ce qu'il a compris jusque-là de Dieu et de son mystère n'est que « de la paille ». Il meurt peu de temps après, presque complètement aphasique.

Canonisé en 1323, docteur de l'Église en 1567, Thomas d'Aquin reste un des plus influents penseurs du catholicisme. On ne cesse d'ailleurs de revenir périodiquement vers ses écrits.

Saint Thomas d'Aquin par Gozzoli, 1470–1475.

Un esprit gourmand

Avec *Somme théologique*, son œuvre majeure, Thomas d'Aquin entend guider les étudiants débutants en théologie. Il aborde des sujets aussi vastes que Dieu, la Création, les vertus et les vices ainsi que les divers sacrements.

C'est dans la deuxième partie de son ouvrage, là où il est question de la morale particulière, qu'il aborde le thème de la gourmandise[2]. Il le fait à la manière de son époque, plus exactement en recourant à l'une des méthodes d'enseignement pratiquées par l'université médiévale scolastique : la *quaestio*. Il s'agit ni plus ni moins de commenter un sujet sous la forme d'interrogations.

En six articles, Thomas d'Aquin répond à la question de savoir ce qu'est la gourmandise :

1. La gourmandise est-elle un péché ?
2. La gourmandise est-elle un péché mortel ?
3. La gourmandise est-elle le plus grand des péchés ?
4. Les espèces de la gourmandise [c'est-à-dire ses formes].
5. La gourmandise est-elle un vice capital ?
6. Les filles de la gourmandise [c'est-à-dire ses conséquences].

Pour chaque article, la méthode est la même (n'oublions pas qu'il s'agit d'enseignement) : objections, contre-objections, conclusion et, enfin, solutions.

2. Thomas d'Aquin, *Somme théologique*, « Question 148 : La gourmandise ». [www.thomas-d-aquin.com/Pages/Traductions/STIIa-IIae.pdf]

Quand le bœuf mugit

La gourmandise, écrit d'abord Thomas d'Aquin, est une forme de dépassement de mesure :

> **« Le vice de gourmandise ne consiste pas en la substance de la nourriture, mais en la convoitise non réglée par la raison. C'est pourquoi, lorsqu'on dépasse la quantité normale de nourriture, non à cause de la convoitise, mais parce que l'on croit que c'est nécessaire, cela ne relève pas de la gourmandise, mais de quelque inexpérience. Ce qui relève de la gourmandise, c'est uniquement, par convoitise d'une nourriture délectable, de dépasser sciemment la mesure lorsqu'on mange[3]. »**

Ce dépassement, ou dérèglement, peut prendre plusieurs formes qui portent chacune un nom latin.

On peut manger trop tôt ou à un moment inconvenant. C'est ce que désigne le mot *praepropere* : très précipitamment, irréfléchi.

On peut également manger des mets trop coûteux, luxueux ou exotiques. C'est ce que désigne le mot *laute* : d'une manière somptueuse, qui attire l'attention.

On peut, bien entendu, simplement trop manger. C'est ce que désigne le mot *nimis* : d'une manière excessive, plus qu'il ne le faut.

On peut aussi manger de manière trop empressée, impatiente. C'est ce que désigne le mot *ardenter* : avec ardeur.

On peut enfin manger de la nourriture de trop grande qualité, c'est-à-dire préparée de manière trop élaborée, trop délicate. C'est ce que désigne le mot *studiose* : appliquée.

Si vous commencez à supposer qu'il pourrait bien y avoir une certaine confusion au sujet du terme « gourmandise », vous avez raison. Le mot « gourmandise » et le gourmand qu'il désigne ici semblent bien plus près de mots comme « goinfre » (celui ou celle qui mange de manière inélégante et qui n'a pas de bonnes manières à table) ou « glouton » (celui ou celle qui mange trop). Il est même possible, comme en fait l'hypothèse Florent Quellier[4], que la traduction française du mot latin *glutto* ait erronément opéré ce glissement de sens qu'auraient évité d'autres langues comme l'anglais pour lequel *gluttony* veut dire « gourmand ».

Ce n'est pas la seule équivoque qui subsiste autour des idées de Thomas d'Aquin sur la gourmandise. Une autre tient au fait qu'elle est pour lui un péché capital au même titre que l'orgueil, l'avarice, la paresse, l'envie, la colère et la luxure. Or le mot « capital » renvoie d'ordinaire à des adjectifs comme « ultime », « majeur », « particulièrement grave », etc. Dès lors, on comprend mal pourquoi la gourmandise figure dans cette liste, alors que le meurtre, le racisme et tant

3. *Ibid.*, « Article 1, Solutions ».
4. Florent Quellier, *Gourmandise : histoire d'un péché capital*, Paris, Armand Colin, 2010.

La Gourmandise, tableau de Timoléon Marie Lobrichon (1831-1914).

Jeûner pour des idées

Le jeûne n'est pas l'apanage des religions. Il peut également être un acte politique, un moyen de faire pression qui n'est pas sans risque pour la santé de la personne qui le pratique en guise de revendication.

C'est dans cet esprit que, le 28 mai 1962, le général de Gaulle, président de la République française, reçoit une lettre d'un certain Louis Lecoin, avec en post-scriptum :

« J'ai toujours considéré la grève de la faim comme étant une manifestation périlleuse au plus haut point. J'accomplis celle-ci dans les bureaux de Secours aux objecteurs de conscience, sous ma propre surveillance. Ayant pris l'engagement de ne m'alimenter sous aucune forme — me contentant de boire à ma soif l'eau du robinet — on doit me croire, Monsieur le Président ; je ne suis pas homme à truquer, à tricher dans pareil cas. Au surplus, mon état de santé fournira la preuve de mon honnêteté au fur et à mesure que je m'engagerai plus profondément dans cette entreprise*. »

Louis Lecoin, militant anarchiste et pacifique, commence sa grève de la faim quatre jours plus tard. Il entend ainsi obtenir du gouvernement la reconnaissance du statut d'objecteur de conscience, un statut particulier pour ceux qui refusent de faire le service militaire, obligatoire à l'époque en France. Quinze jours plus tard, il est hospitalisé de force, mais il obtient gain de cause.

La grève de la faim, c'est aussi celle des suffragettes anglaises, de Gandhi et de bien d'autres. Mais c'est surtout un jeu dangereux, voire mortel, où la personne joue sa vie, comme l'Irlandais Bobby Sands et neuf de ses compagnons qui, en 1981, font la grève de la faim pour qu'on rende aux détenus comme eux le statut de prisonniers politiques. L'intransigeance de Margaret Thatcher leur sera fatale.

* Louis Lecoin, *Écrits de Louis Lecoin*, Paris, Union pacifiste, 1974, p. 87.

d'autres choses bien plus sérieuses ne s'y trouvent pas. C'est que le mot « capital » a ici le sens de premier, d'original. Il vient du mot latin *caput* signifiant « tête ». Ainsi, ces péchés dits capitaux sont à l'origine d'autres péchés. À ce titre, la gourmandise conduit, par exemple, à voler, à mentir ou à désobéir pour obtenir de la nourriture.

Et c'est en l'analysant sous cet angle que l'Église la considère comme un péché et, à l'inverse, fait du jeûne un acte vertueux.

Jeûner n'est pas pécher !

Le jeûne, entendu comme une privation de nourriture volontaire, partielle ou complète, continue ou intermittente, existe dans le judaïsme. Mais, avec le christianisme, il prend des proportions inédites et importantes, ce qui s'explique en raison d'une conception particulière du corps, qu'il partage d'ailleurs avec bien des religions.

Le corps, selon ce point de vue, est non seulement cette prison temporaire et terrestre de l'âme, mais il détourne aussi de l'essentiel, voire se dresse comme un obstacle devant lui par ses besoins propres : dormir, avoir des rapports sexuels, mais aussi manger. C'est en ce sens que saint Augustin écrit : « C'est en nous refusant les joies de la chair que nous acquerrons celles de l'esprit[5]. »

On comprend alors toutes ces pratiques de mortification et d'ascétisme que prône le christianisme, par lesquelles la souffrance physique qu'on s'inflige volontairement est vue comme une source de progression spirituelle. On peut se demander si elle ne s'apparente pas à un péché d'orgueil en tirant une certaine fierté de cette épreuve.

Ainsi, au début du christianisme, les membres du clergé pratiquaient le jeûne, certains allant jusqu'à s'isoler des dizaines de jours dans le désert, à l'image même du Christ. Les fidèles se privaient aussi partiellement durant le carême.

En fait, il existe de nombreuses raisons de jeûner. D'aucuns le font en prétendant qu'on peut en tirer des avantages pour la santé, notamment la purification de l'organisme, ce qui n'a, semble-t-il, jamais été démontré[6]. On a même soutenu qu'il pouvait contribuer à vaincre le cancer[7], mais les médecins restent très réservés sur cette affirmation.

D'autres, on l'a vu, jeûnent pour des raisons religieuses. Ainsi, le ramadan, pour les musulmans, est une période de privation d'un mois, pratiquée de l'aube au coucher du soleil. On s'abstient alors de consommer nourriture et boisson. Le bouddhisme, l'hindouisme et le bahaïsme y font tous eux aussi une place.

Il en est également qui jeûnent pour des raisons philosophiques, au sens large du terme. Ces jeûnes laïques sont souvent considérés par leurs adeptes comme des exercices d'ascèse ou encore un moyen de lutter contre le consumérisme ambiant.

Pour certains, enfin, il s'apparente plus à cette préoccupation obsessionnelle du corps qui caractérise nos sociétés. ♦

Affiche « Sauvez Lecoin ! », juin 1962. (Collections du Centre international de recherches sur l'anarchisme, Lausanne)

5. Saint Augustin, *Œuvres complètes*, Bar-le-Duc, Guérin et Cie, 1868, t. 12, p. 333.
6. Sur le site Extenso, voir à ce sujet l'article « Le jeûne purifie l'organisme ». [www.extenso.org/article/le-jeune-purifie-l-organisme]
7. Changhan Lee et autres, « Fasting Cycles Retard Growth of Tumors and Sensitize a Range of Cancer Cell Types of Chemotherapy », *Science Translational Medicine*, vol. 4, nº 124, 7 mars 2012, p. 124-127. [www.ncbi.nlm.nih.gov/pmc/articles/PMC3608686]

Le goût délicieux des fruits défendus

Toujours moqueur, Georges Brassens chantait : « Mourir pour des idées, l'idée est excellente [...] Mourons pour des idées, d'accord, mais de mort lente ». Peu porté sur la mortification, notre éternel fiancé a surtout cultivé dans ses chansons une multitude de fruits défendus et de plaisirs coupables. Dans *L'amandier*, en échange de baisers, il offre ainsi des amandes à « la bouche gourmande » de sa belle, qui ne refuserait certes pas cette friandise.

Dattes farcies aux amandes trempées dans le chocolat

12 bonbons

12 dattes

12 amandes grossièrement hachées

1 c. à soupe de miel

2 c. à soupe d'orange confite hachée ou 1 c. à thé d'eau de fleur d'oranger

125 ml (½ tasse) de chocolat à 70 % de cacao

–

Avec un couteau, pratiquer une incision le long de la datte. Retirer le noyau. Dans un bol, mélanger les amandes, le miel et les oranges confites. Farcir les dattes du mélange et les refermer. Faire fondre le chocolat au bain-marie. Retirer du feu et, à l'aide de pinces, tremper les dattes dans le chocolat pour les enrober complètement.

Déposer les bonbons à mesure sur une grille afin que le chocolat durcisse. Avec un thé à la menthe, c'est un délice.

Domestique et petit garçon en cuisine, détail d'un tableau de Frans Snyders, milieu du XVIIe siècle. (Getty Museum)

SUJETS DE CONVERSATION À TABLE

①

Proposez à vos invités d'écrire la gourmandise qu'ils préfèrent. Mélangez soigneusement les papiers dans une boîte. Faites-les ensuite tirer au hasard. Le jeu consiste à associer le mets à la bonne personne. Cette dernière doit décrire son plat favori et expliquer en quoi il est pour elle une véritable gourmandise.

②

Gourmand, gourmet, glouton, goinfre, goulu ! Quelles sont les différences ? (Munissez-vous d'un dictionnaire au préalable, bien sûr !)

③

À propos du jeûne. Seriez-vous disposé à en faire l'expérience ? Pour quelles raisons ? Combien de temps et dans quelles conditions ?

④

Pensez-vous que la grève de la faim pour défendre des causes sociales ou politiques soit justifiée ?

LECTURES SUGGÉRÉES

Le passage dans lequel Thomas d'Aquin traite de la gourmandise est un régal :

→ *Somme théologique*, « Question 148 : La gourmandise ».

[www.thomas-d-aquin.com/Pages/Traductions/STIIa-IIae.pdf]

Une analyse selon la théologie catholique :

→ [www.lumenc.org/malgourmandise.php]

Un éloge, du glouton au gourmet :

→ Florent Quellier, *Gourmandise : histoire d'un péché capital*, Paris, Armand Colin, 2010.

La gourmandise à dévorer en quelques pages :

→ Sébastien Lapaque, *Gourmandise*, anthologie, Paris, J'ai lu, coll. « Librio », 2000.

Un ouvrage incontournable où le bien est la visée de toute chose :

→ Aristote, *Éthique à Nicomaque*, traduction et présentation de Richard Bodéüs, Paris, Flammarion, coll. « GF », 2004.

avocat
A
mexicain

— Chapitre 3 —

MANGER LOCAL OU MANGER MONDIAL

BETTERAVE OU AVOCAT

Faut-il manger local ou n'en faire qu'à sa tête et donner libre cours à ses envies alimentaires sans se soucier de la provenance de nos aliments ? Devrions-nous nous accommoder de ceux produits chez nous, en fonction des saisons, ou laisser s'imposer le commerce alimentaire mondial ? Le locavorisme, dont Jean-Jacques Rousseau (1712–1778) est le précurseur, résiste-t-il aux critiques libertariennes dont John Locke (1632–1704), lui, est le théoricien ?

Manger nature comme Jean-Jacques

Qui est cet homme qui marche non loin de Paris, un journal à la main, en direction du château de Vincennes ?

C'est Jean-Jacques Rousseau, né à Genève au début du XVIIIe siècle.

Après avoir perdu sa mère à la naissance, il est élevé jusqu'à l'âge de 10 ans par son père qui lui communique sa passion pour les livres. Il fréquente brièvement l'école avant d'être mis en apprentissage chez un graveur. À 16 ans, tandis qu'il est surpris à l'extérieur de Genève dont on vient de fermer l'enceinte, il décide de fuir et part sur les routes. Sans but.

Il gagne ainsi la France où il est recueilli par une bienfaitrice, Mme de Warens, qui réussit à convertir le jeune protestant qu'il est au catholicisme. Il fait ensuite de nombreux séjours auprès de cette dernière jusqu'en 1742. Amante autant que préceptrice, elle contribue à son développement intellectuel et amoureux et met en évidence son génie.

Lecteur, penseur et compositeur, Rousseau accède à la connaissance en autodidacte. Considérant qu'à l'époque la manière de noter la musique est perfectible, il invente une nouvelle notation qu'il monte proposer à Paris. Si son système y est froidement accueilli, il ne profite pas moins de son séjour dans la capitale pour rencontrer ceux qui vont devenir les encyclopédistes, notamment Diderot et d'Alembert. Avec, entre autres, Voltaire, d'Holbach et Condorcet, ces philosophes luttent contre l'obscurantisme, le pouvoir et les institutions en faisant la promotion de la liberté, du progrès et de l'émancipation par le truchement du savoir et de l'instruction. En écrivant lui-même, à la demande de Diderot, des articles sur la musique dans l'*Encyclopédie*, Rousseau fait bientôt partie de ceux qui sont en train de définir ce XVIIIe siècle que l'on nommera le « Siècle des lumières ».

C'est précisément à cette époque que Rousseau va à la rencontre de son ami Diderot, emprisonné au donjon de Vincennes pour impiété à la suite de la publication de la *Lettre sur les aveugles à l'usage de ceux qui voient* (1749). Tandis qu'il marche tout en lisant son journal, le *Mercure de France*, il tombe sur l'intitulé d'un concours organisé par l'Académie de Dijon, ainsi rédigé : « Si le progrès des sciences et des arts a contribué à corrompre ou à épurer les mœurs. » Aussitôt, il est submergé par l'émotion. Instant crucial dans la vie et l'œuvre de Rousseau, défini comme « l'illumination de Vincennes », qu'il va décrire plus tard en ces termes :

« Connais-toi toi-même »

Oracle de Delphes

Jean-Jacques Rousseau.

« Si jamais quelque chose a ressemblé à une inspiration subite, c'est le mouvement qui se fit en moi à cette lecture ; tout à coup, je me sens l'esprit ébloui de mille lumières ; des foules d'idées vives s'y présentèrent à la fois avec une force et une confusion qui me jeta dans un trouble inexprimable ; je sens ma tête prise par un étourdissement semblable à l'ivresse. Une violente palpitation m'oppresse, soulève ma poitrine ; ne pouvant plus respirer en marchant, je me laisse tomber sous un des arbres de l'avenue, et j'y passe une demi-heure dans une telle agitation qu'en me relevant, j'aperçus tout le devant de ma veste mouillé de mes larmes, sans avoir senti que j'en répandais. Oh ! Monsieur, si j'avais jamais pu écrire le quart de ce que j'ai vu et senti sous cet arbre, avec quelle clarté j'aurais fait voir toutes les contradictions du système social, avec quelle force j'aurais exposé tous les abus de nos institutions, avec quelle simplicité j'aurais démontré que l'homme est bon naturellement, et que c'est par ces institutions seules que les hommes deviennent méchants[1] ! »

De cette illumination va naître le *Discours sur les sciences et les arts*, en réponse au concours de Dijon. Étonnamment, en totale contradiction avec ses amis philosophes, Rousseau y considère que le progrès est illusion, que tout cela est faux et que plus va l'humain, plus il se corrompt. Alors que son époque se tourne avec espérance vers le futur, lui se tourne avec nostalgie vers le passé. L'histoire est celle d'un être humain qui, en entrant dans ce qu'on appelle pompeusement la « civilisation », perd sa nature, qui est bonne, s'en éloigne et se dénature peu à peu, irrémédiablement.

« Nature », tel est le maître-mot de la pensée de Rousseau et de ce qu'il laisse à la pensée occidentale. Mot à ce point présent qu'on le remarque partout, notamment dans le mouvement écologique, dans celui de la simplicité volontaire, l'éducation à domicile, ainsi que dans ces incessants appels à ce qui est naturel, et cela jusque dans notre alimentation avec ce mouvement nommé « locavorisme ».

1. Jean-Jacques Rousseau, *Lettres (1728-1778)*, Lausanne, La Guilde du livre, 1959. [classiques.uqac.ca/classiques/Rousseau_jj/lettres_1728_1778/rousseau_lettres.pdf]

Illustration de l'édition de 1762 d'*Émile ou De l'éducation* de Jean-Jacques Rousseau.
Gravure de Noël Le Mire d'après Jean-Michel Moreau le Jeune.

Manger libre comme John

Qui est cet homme qui parcourt l'Europe, curieux de tout, avec à l'esprit une œuvre philosophique majeure ?

C'est John Locke, né dans la région de Bristol au milieu du XVIIe siècle.

Issu d'une famille aisée, il reçoit une solide éducation avec l'étude du latin et du grec ainsi qu'avec celle de la philosophie d'Aristote (384-322 av. J.-C.). Son enfance est traversée par nombre de soubresauts politiques. Guerre civile anglaise, dictature de Cromwell, exécutions en tous genres, Locke est profondément marqué par ces bouleversements.

John Locke
par Godfrey Kneller,
1697.

Pour autant, il va se tenir loin des débats politiques et mieux se consacrer à ses études scientifiques. C'est sans doute de là que vient son empirisme avec pour seul mot d'ordre : l'expérience. C'est à Oxford qu'il parfait ses connaissances et sa pensée en la confrontant au rationalisme cartésien. Pour lui, il n'y a rien d'inné, c'est-à-dire d'antérieur à l'expérience, comme le pense Descartes. Locke conçoit l'esprit humain à son origine — l'esprit de chaque être humain — comme une page blanche. Une page sur laquelle s'écrit la connaissance à la faveur de l'expérience.

Aristote.

Au départ, il y a l'état de Nature : « C'est un état de parfaite liberté, un état dans lequel, sans demander de permission à personne, et sans dépendre de la volonté d'aucun autre homme, ils [les hommes] peuvent faire ce qu'il leur plaît[2]. » Mais la fragilité de cet état est telle, ne serait-ce qu'en matière de régulation sociale, que les hommes conçoivent tout au plus une société civile garantissant la sécurité et la liberté.

C'est en ce sens que le libéralisme se définit : un pouvoir législatif suprême indépendant placé au-dessus d'un pouvoir exécutif. Mais ces deux pouvoirs ne s'exercent en rien sur la morale et l'économie. La société résulte d'un pacte où chaque individu dispose à sa guise, sans régulation, de ses droits naturels.

La philosophie de Locke, fondée sur l'empirisme et le libéralisme politique, est aussi à l'origine du libertarianisme qui, en matière alimentaire, préconise l'entière liberté à la fois du producteur et du consommateur.

Une telle vision s'oppose donc inévitablement aux contraintes inhérentes au locavorisme.

2. John Locke, *Traité du gouvernement civil* (1795), traduit de l'anglais par David Mazel, Paris, Flammarion, 2008, p. 179. [classiques.uqac.ca/classiques/locke_john/traite_du_gouvernement/traite_du_gouver_civil.html]

La bibliothèque d'Oxford, où John Locke mit à l'épreuve ses théories.
Gravure de Joseph Constantine Stadler, 1813.
(The Stapleton Collection/Bridgeman Images)

Jardin communautaire à Montréal,
photographie de Caroline Hayeur, 2013.

Le locavorisme en guise de plat de résistance

Bien que naturellement issu de la pensée rousseauiste, le locavorisme (du latin *localis* « local » et *voro* « manger ») n'apparaît qu'au début du XXIe siècle. Ce mouvement est inventé, en 2005, par Jessica Prentice, qui œuvre au sein d'un groupe de femmes de la région de San Francisco : The Local Foods Wheel[3]. Il incite les gens des environs à ne consommer, durant le mois d'août, que des aliments cultivés ou récoltés dans un rayon de 100 miles (160 kilomètres) de leur résidence.

Le locavorisme s'inscrit dans un ensemble de pratiques plus ou moins récentes qui connaissent un succès grandissant. Parmi celles-ci :

· L'agriculture qui, soutenue par la communauté, permet à des abonnés de recevoir en saison des paniers de produits locaux ;

· Les jardins privés ou communautaires où il est possible de cultiver ses propres produits ;

· La pratique d'achat local par les grandes chaînes d'épicerie.

Les avantages allégués de ces pratiques sont nombreux et se déclinent sur plusieurs plans.

Sur le plan économique, elles encouragent l'économie et les emplois locaux. De plus, elles contribuent à la souveraineté alimentaire, fortement en déclin depuis trois décennies, et diminuent notre dépendance aux diktats et au monopole des multinationales de l'alimentation (Kraft, Kellogg's, PepsiCo, Nestlé, etc.).

Sur le plan écologique, en limitant la distance parcourue lors du transport des aliments, elles sont présumées lutter contre le réchauffement climatique en limitant les émissions de gaz à effet de serre (GES).

Sur le plan médical, elles font en sorte que l'on mange plus sainement en consommant plus de légumes, de fruits et de produits frais.

Sur le plan communautaire, cela permet la création de liens de toutes sortes entre producteurs et consommateurs.

En un sens, toutes ces initiatives et les avantages qu'elles procurent sont en droite ligne avec la pensée de Rousseau, qui écrit dans son *Discours sur l'origine et les fondements de l'inégalité parmi les hommes* (1755) :

3. [www.localfoodswheel.com]

« Le premier qui, ayant enclos un terrain, s'avisa de dire, *ceci est à moi*, et trouva des gens assez simples pour le croire, fut le vrai fondateur de la société civile. Que de crimes, de guerres, de meurtres, que de misères et d'horreurs n'eût point épargnés au genre humain celui qui, arrachant les pieux ou comblant le fossé, eût crié à ses semblables : "Gardez-vous d'écouter cet imposteur ; vous êtes perdus, si vous oubliez que les fruits sont à tous, et que la terre n'est à personne[4]." »

Cela n'a pas été fait et l'humanité poursuit depuis une course fatale qui la conduit vers son inéluctable destin. Le libertarianisme se pose-t-il alors comme une solution de rechange ?

Le libertarianisme : une recette universelle

Véritable philosophie appliquée, le libertarianisme se caractérise surtout par cette farouche volonté de vivre au sein d'un État aux pouvoirs restreints. Dans l'esprit même de Locke, liberté et propriété sont essentielles. Et cette propriété, plus que la possession matérielle, est la libre disposition de soi-même. En ce sens, l'idée de l'expérience est cohérente puisque c'est à partir d'elle que l'individu se développe et se construit en vue de jouir pleinement de sa liberté. Aujourd'hui, le libertarianisme se manifeste clairement sur les plans politique et économique et, pour ce dernier, c'est le marché libre qui doit s'imposer et se réguler de lui-même.

Il apparaît donc évident qu'il ne saurait y avoir de contrainte en ce qui concerne l'alimentation et l'approvisionnement des denrées alimentaires. Chacun est libre d'acheter à qui il veut, quand il veut et de la manière qu'il veut ! Et, comme le raisonnement est le même pour le vendeur, le marché, toujours selon les libertariens, doit ensuite se réguler de lui-même.

Rousseau à la table de Locke !

De toute évidence, la table de Locke n'a pas grand-chose à voir avec celle de Rousseau si on en juge par ce que ce dernier écrit dans *Émile ou De l'éducation*.

4. Jean-Jacques Rousseau, *Discours sur l'origine et les fondements de l'inégalité parmi les hommes*, Paris, Flammarion, coll. « GF », 2008, p. 109.

Fondue de Brillat-Savarin

Tandis que Jean-Jacques Rousseau, devenu célèbre, prêche pour un retour à la nature naît Anthelme Brillat-Savarin (1755–1826), qui est généralement tenu pour le père de la gastronomie moderne à la française. Ce dernier publie *Physiologie du goût*, un ouvrage qui contient des méditations sur les aliments, le goût, l'art de recevoir et d'autres sujets encore, notamment la gastronomie, mais aussi des recettes.

C'est dans ce livre, qui s'ouvre sur 20 aphorismes, que se trouve une recette de fondue que Jean-Jacques Rousseau, Helvète et plus précisément citoyen genevois, n'aurait pas reniée :

« Pesez le nombre d'œufs que vous voudrez employer d'après le nombre présumé de vos convives. Vous prendrez ensuite un morceau de bon fromage de Gruyère pesant le tiers, et un morceau de beurre pesant le sixième de ce poids.

Vous casserez et battrez bien les œufs dans une casserole ; après quoi vous y mettrez le beurre et le fromage râpé ou émincé.

Posez la casserole sur un fourneau bien allumé, et tournez avec une spatule, jusqu'à ce que le mélange soit convenablement épaissi et mollet ; mettez-y un peu ou point de sel, suivant que le fromage sera plus ou moins vieux, et une forte portion de poivre, qui est un des caractères positifs de ce mets antique ; servez sur un plat légèrement chauffé ; faites apporter le meilleur vin, qu'on boira rondement, et on verra merveilles*. »

* Anthelme Brillat-Savarin, *Physiologie du goût ou Méditations de gastronomie transcendante. Dédié aux Gastronomes parisiens par un professeur*, Paris, A. Sautelet, 1825.

Le déjeuner d'huîtres, tableau de Jean-François de Troy, XVIIIe siècle.

Alors que son jeune héros prend part à un festin, son précepteur qui l'accompagne raconte :

> **« Nous [Émile et lui] allons dîner dans une maison opulente ; nous trouvons les apprêts d'un festin, beaucoup de monde, beaucoup de laquais, beaucoup de plats, un service élégant et fin. Tout cet appareil de plaisir et de fête a quelque chose d'enivrant qui porte à la tête quand on n'y est pas accoutumé. Je pressens l'effet de tout cela sur mon jeune élève. Tandis que le repas se prolonge, tandis que les services se succèdent, tandis qu'autour de la table règnent mille propos bruyants, je m'approche de son oreille, et je lui dis : "Par combien de mains estimeriez-vous bien qu'ait passé tout ce que vous voyez sur cette table avant que d'y arriver[5] ?" »**

Et c'est tout. Le précepteur n'enseigne pas au sens usuel du terme ; il ne fait pas la leçon, il donne à penser. Dès lors, Émile rêve, réfléchit, calcule et s'inquiète, tandis que son professeur poursuit sa réflexion :

> **« Avec un jugement sain que rien n'a pu corrompre, que pensera-t-il du luxe, quand il trouvera que toutes les régions du monde ont été mises à contribution, que vingt millions de mains ont peut-être, ont longtemps travaillé, qu'il en a coûté la vie peut-être à des milliers d'hommes, et tout cela pour lui présenter en pompe à midi ce qu'il va déposer le soir dans sa garde-robe[6,7] ? »**

Et le précepteur de préparer les questions qu'il va poser à Émile :

> **« En quoi donc avez-vous réellement joui de tout ce qu'ont fourni de plus la terre éloignée et la main des hommes [...] ? Si tout cela ne vous a pas fait faire un meilleur repas, qu'avez-vous gagné à cette abondance[8] ? »**

Quelques jours plus tard, la comparaison avec un repas pris à la ferme permettra au précepteur d'inviter Émile à poursuivre sa réflexion :

> **« Ce pain bis, [...] si bon, vient du blé recueilli par ce paysan ; son vin noir et grossier, mais désaltérant et sain, est du cru de sa vigne ; le linge vient de son chanvre, filé l'hiver par sa femme, par ses filles, par sa servante ; nulles autres mains que celles de sa famille n'ont fait les apprêts de sa table ; le moulin le plus proche et le marché voisin sont les bornes de l'univers pour lui[9]. »**

Aujourd'hui, mis à part la naïveté du ton, le locavore qui lit ces mots ne peut que les approuver. Mais il en va tout autrement du libertarien.

C'est le cas d'un penseur proche de ces idées, Pierre Desrochers, qui réagit aux propositions locavoristes en procédant à une critique virulente de tout ce qu'elles avancent. Selon les libertariens,

5. Jean-Jacques Rousseau, *Émile ou De l'éducation*, Paris, Flammarion, coll. « GF », 2009, p. 274.
6. À cette époque, on désignait ainsi le lieu où l'on mettait la chaise percée.
7. Jean-Jacques Rousseau, *op. cit.*, p. 275.
8. *Ibid.*, p. 276.
9. *Ibid.*, p. 275-276.

la pensée économique, désormais de manière (presque ?) unanime, soutient que les avantages comparatifs et les économies d'échelle justifient le commerce entre pays et font que celui-ci augmente sa productivité, définie comme la capacité de produire plus de biens avec moins de ressources. Le bien-être collectif s'en trouve alors accru. Nos supermarchés regorgent d'aliments que personne ne rêvait de se procurer il y a 100 ans et même moins, des avocats jusqu'aux fraises en hiver, en passant par tous les exotismes qu'on voudra nommer.

En considérant les idées des locavoristes, toujours du point de vue de la doctrine économique classique, on est amené à constater une amère ironie : ce qu'ils avancent serait non seulement faux, mais risquerait même de produire les effets opposés et de causer des pertes d'emploi, de l'insécurité alimentaire et plus de pollution ! À ce sujet, le transport des aliments ne représente que 4 % des émissions de GES. Pour aller se procurer des produits dans un marché local, acheteurs et vendeurs s'y rendent avec leur véhicule personnel et émettent ce faisant, proportionnellement, probablement plus de GES que le système de distribution agroalimentaire industriel. Une étude menée en Grande-Bretagne a conclu que, pour que votre panier de légumes acheté localement génère des émissions de GES moindres que le système de distribution agroalimentaire industriel le livrant à votre porte, il faudrait qu'en allant le chercher en voiture vous fassiez au total moins de 6,7 kilomètres[10] !

Ces conclusions contre-intuitives se généralisent et mettent à mal bien des arguments locavoristes. Elles invitent à penser que l'efficience du système industriel de production et de distribution de nourriture est telle que l'achat local représente sans doute, du strict point de vue économique et selon plusieurs variables, un bien mauvais choix et une forme de protectionnisme qui nuit à l'atteinte des objectifs poursuivis.

Au-delà de l'opposition locavorisme-libertarianisme ?

On peut se demander si la logique économique est la seule à considérer. Les arguments de Rousseau en faveur de l'achat local ne sont pas essentiellement économiques et ne sont absolument pas écologistes, au sens actuel du terme — ils ne peuvent pas l'être, compte tenu de l'époque. Mais certains d'entre eux restent-ils néanmoins valables ?

Par ailleurs, cette efficacité économique tant vantée et érigée en juge suprême occulte-t-elle des aspects de la question qui sont néanmoins importants et qui devraient être pris en compte dans toute comparaison sérieuse entre achat local et système industriel alimentaire ? Qu'en est-il, par exemple, de l'exploitation des travailleurs et travailleuses qui rend possible cette productivité ? Qu'en

10. David Coley, Mark Howard et Michael Winter, « Local food, food miles and carbone emissions: A comparison of farm shop and mass distribution approaches », *Food Policy*, vol. 34, n° 2, avril 2009, p. 150-155.

Une salade internationale

Une mesure, fréquemment utilisée dans la littérature locavoriste, exprime en miles ou en kilomètres la distance parcourue par les aliments. Bien souvent, l'indication de sa provenance sur l'étiquette permet d'en avoir une bonne idée.

Prenons, par exemple, une salade mangée en janvier. Elle est composée de laitue, de concombres, de tomates, de radis, d'avocats, de pousses de tournesol, d'huile d'olive, de vinaigre balsamique et de moutarde de Dijon.

- Laitue : Québec, Laurentides, Mirabel (serres) : 48 km ;
- Concombres : Chine, Pékin : 10 460 km ;
- Tomates : Québec, Montérégie, Rougemont (serres) : 51 km ;
- Radis : Canada, Colombie-Britannique, Vancouver : 4 900 km ;
- Avocats : Mexique, Tancitaro (capitale mondiale de l'avocat) : 3 930 km ;
- Pousses de tournesol : États-Unis, Dakota du Nord, Bismarck : 2 700 km ;
- Huile d'olive : Grèce, Athènes : 7 600 km ;
- Vinaigre balsamique : Italie, Modène : 6 300 km ;
- Moutarde de Dijon : France, Dijon : 5 760 km.

Au total : 41 749 km, plus que le tour de la terre, qui est évalué approximativement à 40 075 km !

est-il des subventions de toutes sortes qui contribuent à cette productivité ? Quel effet cela a-t-il sur les économies, les agricultures et l'autonomie alimentaire des pays du tiers-monde ?

De plus, il ne faut pas oublier que ce système industriel de production et de distribution génère d'énormes profits, et ce, essentiellement pour quelques compagnies et leurs actionnaires qui le contrôlent en très grande mesure. Cela est-il sain pour la démocratie, compte tenu de l'énorme pouvoir dont elles disposent désormais ?

Enfin, étant donné les nombreux avantages que ces compagnies obtiennent et des ententes de libre-échange dont elles bénéficient, peut-on légitimement dire que le système agroalimentaire industriel est un argument en faveur du libre marché cher à John Locke ?

Mais, d'un autre côté, doit-on faire fi de ce que le système industriel permet d'économiser tant du point de vue des coûts de transport que des GES ? De même, en considérant le climat du Québec, cela ne permet-il pas de mieux manger en hiver, et surtout plus sainement ?

Alors, selon vous, faut-il inviter John Locke à la table de Jean-Jacques Rousseau ou laisser les deux philosophes manger chacun de leur côté ? ♦

Chargement de pastèques, à Norfolk en Virginie. (The New York Public Library)

SUJETS DE CONVERSATION À TABLE

①
Estimez la distance parcourue par chacun des plats que vous mangez lors du repas. Qu'en concluez-vous ? (Voir l'encadré pour les estimations.)

②
En considérant le climat du Québec (et en excluant la culture sous serre), est-ce réaliste, selon vous, d'être locavore ?

③
Élaborez un menu locavore pour l'été et un autre pour l'hiver. (Nos ancêtres l'ont bien fait, eux !)

④
Selon vous, au quotidien, qu'est-ce qu'implique le fait d'être locavore (genre de magasins, de marchés, etc.) ?

⑤
En matière d'achat d'eau minérale, êtes-vous Saint-Justin ou Perrier ? Comparez le coût et la distance parcourue.

LECTURES SUGGÉRÉES

Sur le site Extenso, le Centre de référence sur la nutrition de l'Université de Montréal, une introduction au locavorisme :

→ « Le mouvement locavore ou l'art de manger local. »

[www.extenso.org/article/le-mouvement-locavore-ou-l-art-de-manger-local]

Une défense et une attaque du locavorisme :

→ Anne-Sophie Novel, *Le guide du locavore pour mieux consommer local*, Paris, Eyrolles, 2010 ; Pierre Desrochers et Hiroko Shimizu, *The Locavore's Dilemma : In Praise of the 10,000-mile Diet*, New York, PublicAffairs, 2012.

Une conclusion similaire à celle défendue par l'étude britannique sur la distance à parcourir pour récupérer son panier de légumes est présentée dans :

→ Gareth Edwards-Jones, « Does eating local food reduce the environmental impact of food production and enhance consumer health ? », *Proceedings of the Nutrition Society*, vol. 69, nº 4, novembre 2010, p. 582-591. [doi: 10.1017/S0029665110002004]

Tout en reconnaissant les mérites de (certaines) critiques du locavorisme, un article qui tente d'élargir le débat :

→ Anita Dancs et Helen Scharber, « Do Locavores Have a Dilemma ? », *Dollars & Sense*, nº 319, juillet-août 2015.

Un article qui propose des pistes de renouvellement du discours et des pratiques locavoristes :

→ Laura B. DeLind, « Are local food and the local food movement taking us where we want to go ? Or are we hitching our wagons to the wrong stars ? », *Agriculture and Human Values*, vol. 28, nº 2, juin 2011, p. 273-283.

Manger local serait peut-être une obligation morale ou, au mieux, un devoir imparfait selon :

→ Gregory R. Peterson, « Is Eating Locally a Moral Obligation ? », *Journal of Agricultural and Environmental Ethics*, vol. 26, nº 2, avril 2013, p. 421-437.

Une foule de conseils, de trucs et d'astuces pour que le respect et la protection de l'environnement se fassent aussi dans notre assiette :

→ Bernard Lavallée, *Sauver la planète une bouchée à la fois : trucs et conseils*, Montréal, La Presse, 2015.

On peut aisément consulter *Physiologie du goût* d'Anthelme Brillat-Savarin sur le site de la Bibliothèque nationale de France :

→ [www.gallica.bnf.fr/ark:/12148/bpt6k1063697/f1.image]

De Jean-Jacques Rousseau, on lira en priorité *Émile ou De l'éducation* ainsi que *Le contrat social*. Ces œuvres sont disponibles en de nombreuses éditions et aussi en ligne.

— Chapitre 4 —

DEVIENS LE VÉGÉTARIEN QUE TU ES !

PEUT-ON FAIRE PREUVE D'ÉTHIQUE TOUT EN ÉTANT CARNIVORE ?

Véritable question de morale depuis l'Antiquité, le régime carnivore est-il aujourd'hui compatible avec un monde dans lequel les considérations éthiques sont primordiales ? L'animal n'est-il qu'une machine organique dépourvue de conscience, comme ont pu le penser certains philosophes, ou est-il sensible et ainsi susceptible de souffrir au même titre que l'être humain ? Devons-nous alors paraphraser Pindare (518–438 av. J.-C.) et prendre pour devise *Deviens le végétarien que tu es, tu mangeras en paix* ?

Du religieux au scientifique : simple question d'éthique

Il existe en Orient une longue tradition de végétarisme adopté pour des principes religieux, notamment dans le bouddhisme et le jaïnisme : certains jaïns poussent même si loin leur volonté de ne pas faire souffrir les animaux qu'ils balaient devant eux en marchant pour ne pas écraser les moustiques.

En Occident, c'est aussi pour des raisons mystico-religieuses que, d'après la plupart des commentateurs, le végétarisme est d'abord défendu par Pythagore (v. 580–495 av. J.-C.) et ses disciples. Ce philosophe mathématicien et mystique, si on peut le décrire ainsi, et que tout le monde connaît en raison du fameux théorème qui porte son nom, croyait à la transmigration des âmes (leur passage d'un corps dans un autre). On comprend dès lors le danger qu'il y a à manger une chair qui abrite peut-être une âme humaine. Puisque les êtres vivants sont de la sorte liés les uns aux autres, on doit, conclut Pythagore, leur accorder une égale considération éthique. Négliger de le faire, par exemple en consommant de la chair animale, constitue une faute morale qui interdit à qui la commet de pleinement se réaliser sur le plan spirituel.

Résumant les idées de Pythagore, Ovide écrit : « Le premier, il fit un crime à l'homme de servir sur ses tables la chair des animaux ; le premier [...] il laissa tomber ces mots de sa docte bouche, mais sans qu'on le crût : "Gardez-vous, mortels, de souiller vos corps par des mets réprouvés par les dieux[1] !" »

Le végétarisme se déploie dans l'Antiquité, mais avec des auteurs qui, généralement, n'adhèrent pas aux théories pythagoriciennes sur la transmigration des âmes et qui retiennent surtout le volet éthique de ses idées. On insiste plutôt sur l'effet moral et spirituel de la souffrance causée aux animaux — qui sont des êtres dotés de sensations, d'intelligence et d'émotions — par la consommation de leur chair. C'est la position qu'on retrouve, par exemple, chez Plutarque (v. 46–125) ou Porphyre (v. 234–305).

« On reconnaît le degré de civilisation d'un peuple à la manière dont il traite ses animaux. »

Mahatma Gandhi

Gandhi à la veille d'un jeûne à Rajkot, 1939.

1. Ovide, *Les Métamorphoses*, Paris, Garnier-Flammarion, 1966, p. 373.

Le premier, célèbre pour ses *Vies parallèles*, écrit dans *Sur les viandes* :

« Nous ne sommes sensibles ni aux belles couleurs qui parent quelques-uns de ces animaux, ni à l'harmonie de leurs chants, ni à la simplicité et à la frugalité de leur vie, ni à leur adresse et à leur intelligence ; et, par une sensualité cruelle, nous égorgeons ces bêtes malheureuses, nous les privons de la lumière des dieux, nous leur arrachons cette faible portion de vie que la nature leur avait destinée. Croyons-nous d'ailleurs que les cris qu'ils font entendre ne soient que des sons inarticulés, et non pas des prières et de justes réclamations de leur part[2] ? »

Le second, Porphyre, rédige *De l'abstinence*, un ouvrage qui porte sur la consommation de la chair animale dont il faudrait s'abstenir. Il cherche à convaincre de son erreur un certain Firmus Castricius, qui, ayant quitté l'école plotinienne afin d'adhérer au christianisme, a renoncé à une alimentation végétarienne pour un régime carné. Le philosophe déploie de nombreux arguments en faveur du végétarisme. La consommation de viande lui semble notamment incompatible avec la philosophie, les mises à mort d'animaux qu'elle exige étant impies et les bêtes méritant un plus juste traitement.

Plutarque.

C'est en effet avec le christianisme, qui inscrit une coupure radicale entre les animaux et les êtres humains, que le végétarisme cesse d'être une pratique importante en Occident. On lit, par exemple, dans la Bible : « Puis Dieu dit : Faisons l'homme à notre image, selon notre ressemblance, et qu'il domine sur les poissons de la mer, sur les oiseaux du ciel, sur le bétail, sur toute la terre, et sur tous les reptiles qui rampent sur la terre[3]. »

Aux XVIe et XVIIe siècles, la pensée scientifique naissante, élaborée par le philosophe et mathématicien René Descartes (1596-1650), nourrit cette tendance. Ce dernier déploie une métaphysique matérialiste couplée à l'idée d'une irréductible spécificité de l'être humain due à la présence en lui, et en lui seul, de la raison. Il en tire la conséquence que les animaux sont des machines, des agencements de ressorts et de pièces semblables : quand ils hurlent, ces ressorts grincent, sans plus.

Il faut attendre le Siècle des lumières pour que des voix se fassent de nouveau entendre en faveur du végétarisme. Puis vient Charles Darwin qui, avec *De l'origine des espèces* (1859), établit une continuité entre ce qu'on peut appeler les animaux non humains et les animaux humains (ou êtres humains) : ce livre a eu partout un retentissement profond dont on n'a pas fini de ressentir les répercussions.

2. Plutarque, *Œuvres morales de Plutarque*, Paris, Didier, libraire-éditeur, 1844. [books.google.ca/books?id=mHVGLt6CZqEC&pg=PA566&dq]
3. Gn 1,26. Traduction de Louis Segond.

L'embarquement des animaux dans l'arche de Noé,
tableau de Jan Bruegel l'Ancien, 1613.
(Getty Museum)

Vache broutant, dessin d'Adrian Van de Velde, 1663. (Getty Museum)

Naissance d'un destin entre salade et spaghettis à la bolognaise

Nous sommes en 1971 dans une salle de cours du University College d'Oxford où s'achève un séminaire de philosophie. Alors que presque tout le monde quitte la salle, un jeune Australien demeure sur place pour attendre un Canadien du nom de Richard Keshen. Les questions de ce dernier lui ont semblé si pertinentes qu'il désire prolonger la discussion avec lui. Keshen y consent et suggère qu'ils aillent manger au réfectoire.

Au menu du jour, spaghettis ou salade. Le jeune Canadien demande si les pâtes sont préparées avec de la viande et, comme c'est le cas, choisit la salade. Le jeune Australien, lui, préfère prendre les spaghettis.

La conversation philosophique se poursuit pendant le repas. Lorsque celui-ci prend fin, l'Australien, curieux, demande au Canadien s'il a choisi la salade pour des raisons de santé ou des motifs religieux. En guise de réponse, Keshen précise qu'il n'est pas justifié de traiter les animaux comme on le fait pour en tirer de la nourriture et évoque les pratiques de l'élevage industriel.

À cette époque où le végétarisme est bien moins répandu qu'aujourd'hui, cette réponse franche, simple et plausible frappe le jeune homme (il décrira par la suite ce moment comme l'un des points tournants de sa vie). Des semaines plus tard, après quelques lectures et autres conversations, il prend la décision de changer son alimentation et de ne plus manger de viande, afin de ne plus prendre part à ces pratiques injustifiables.

Ce jeune Australien, né en 1946, se nomme Peter Singer. Il deviendra un sérieux candidat au titre de plus influent philosophe du XXe siècle, notamment pour ses travaux consacrés à l'éthique animale. En 1975, il publie *Animal Liberation* (*La libération animale*), qui sensibilisera le grand public aux questions de l'éthique animale et du végétarisme, engendrant du même coup un vaste mouvement de réflexion et de militance.

Mais Singer est aussi extrêmement controversé. Les principes éthiques qu'il défend, qui appartiennent au courant dit utilitariste, le conduisent, d'une part, à contester le caractère sacré de la vie humaine traditionnellement reconnu (et réservé à elle seule) et, d'autre part, à réclamer, avec certaines nuances, une considération égale des intérêts des êtres concernés par des décisions éthiques. Les conclusions qu'il en tire suscitent nombre de polémiques, tout particulièrement autour de ses travaux ultérieurs sur la pauvreté, l'avortement et l'euthanasie. Son adhésion à l'utilitarisme ne lui vaut pas que des amis !

Œuvres d'histoire naturelle et de philosophie de Charles Bonnet, 1779-1783. (Wellcome Library, Londres)

Faut-il manger utile ?

Plutôt que de s'intéresser à la personne qui fait le geste ou à l'acte posé, l'utilitarisme suggère de penser la question éthique en se préoccupant des conséquences. C'est pour cela que l'on dit que l'utilitarisme est un type d'éthique conséquentialiste.

« La nature a placé l'humanité sous l'empire de deux maîtres : la peine et le plaisir[4] », écrit Jeremy Bentham (1748–1832), le père de l'utilitarisme. Ce principe donne l'étalon par lequel on évalue la moralité des choix que l'on fait. Selon Bentham, le bon choix est celui qui est déterminé en examinant ses conséquences (plaisir ou peine) sur tous ceux qui en sont affectés, tous et toutes également pris en compte. Ce qu'on doit toujours rechercher, c'est ce qui est souhaitable ou utile pour le plus grand nombre. Cette idée est au cœur de l'utilitarisme et y restera, même si les penseurs ultérieurs vont parfois en donner des interprétations différentes. Ils affirmeront l'importance de prendre en compte la qualité (et non seulement la quantité) des résultats ou établiront que le bonheur est un meilleur étalon que le plaisir ou la peine.

Jeremy Bentham
par Henry William Pickersgill.

C'est grâce à Singer, par le truchement de l'utilitarisme, qu'apparaît l'éthique animale. Déjà Bentham applique sa philosophie aux animaux et à leur statut moral en considérant qu'on ne peut exclure du champ de l'éthique des êtres qui peuvent ressentir plaisir ou douleur. Pour lui, la question n'est pas de savoir s'ils peuvent raisonner ou parler, mais s'ils peuvent souffrir. Ce qui lui fait d'ailleurs ajouter : « Le jour viendra peut-être où il sera possible au reste de la création animale d'acquérir les droits qui n'auraient jamais pu lui être refusés, sinon par la main de la tyrannie[5]. »

C'est dans cette voie que Singer va s'engager, avec succès.

Son hypothèse de départ s'appuie sur le principe de la considération égale des intérêts en vertu duquel nous accordons le même poids aux intérêts de l'animal que nous en accorderions à des intérêts similaires chez l'être humain. En clair, on doit accorder la même considération à la douleur que ressentent les autres espèces et à leur intérêt à ne pas souffrir, dès lors que ces souffrances sont semblables. Par exemple, un poulet élevé dans les conditions terribles de l'élevage industriel a un intérêt à ne pas souffrir que nous devons prendre en compte, au même titre que celui d'un enfant. Évidemment, Singer ne dit pas que l'on doit leur accorder une égalité de traitement. Outre ne pas souffrir, ils ont chacun leurs intérêts propres qui impliquent des traitements différents pour être satisfaits : le poulet a besoin de picorer au grand air, l'enfant, de scolarité, etc. On est ici bien loin d'un simple sentimentalisme, ce qui explique sans doute pourquoi le carnivore, qui se nourrit sans arrière-pensée de poulet, verrait comme une horreur de manger du chat ou du chien. Le principe d'égale considération des intérêts ne fait aucune différence entre ces deux plats et condamne l'un et l'autre.

4. Jeremy Bentham, *Introduction aux principes de morale et de législation*, Paris, Vrin, 2011.
5. *Ibid*.

De la théorie à la pratique

Il se pourrait bien que le seul classique de la philosophie qui contienne des recettes soit justement *La libération animale*. Dans sa première édition, en 1975, tenant compte de la rareté de la pratique du végétarisme en Occident, Singer en propose quelques-unes et des conseils culinaires aux lectrices et lecteurs qui sont convaincus par son propos, mais ne savent pas trop par où commencer pour changer leur alimentation.

La recette proposée par Singer est un dal (on écrit aussi daal, dahl ou dhal), un plat indien préparé à base de légumineuses.

Dal de Peter Singer

1 c. à soupe d'huile d'olive

2 gousses d'ail écrasées

1 oignon moyen en dés

1 à 2 c. à soupe de curry, au goût

250 ml (1 tasse) de lentilles rouges

750 ml (3 tasses) d'eau

2 à 3 feuilles de laurier, au goût

1 bâton de cannelle

1 boîte de 796 ml (28 oz)
de tomates en dés

60 ml (¼ tasse) de lait de coco

2 c. à soupe de jus de citron

Sel

–

Dans une grande casserole, chauffer l'huile et faire revenir l'ail pour la parfumer. Ajouter l'oignon et cuire jusqu'à ce qu'il commence à ramollir.

Ajouter le curry et saler. Cuire 1 minute.

Incorporer les lentilles en remuant une ou deux minutes avant de verser l'eau et d'y mettre les feuilles de laurier et le bâton de cannelle. Porter à ébullition, puis baisser le feu à très doux. Laisser mijoter 20 minutes en mélangeant de temps en temps.

Ajouter la tomate et faire épaissir encore 10 minutes. Les lentilles doivent être tendres et la consistance juste assez liquide pour que l'on puisse verser le dal.

Ajouter le lait de coco et le jus de citron. Mélanger et retirer du feu.

Servir sur du riz et avec du chutney à la mangue.

Source : site australien WhyVeg.com [www.whyveg.com/recipes/make_this.php?recipe=53]

Peter Singer par Luca Del Baldo.
(Avec l'aimable autorisation de l'artiste)

Entretien avec Peter Singer en 2009

NORMAND BAILLARGEON — L'extraordinaire retentissement d'*Animal Liberation* vous a-t-il surpris ?

PETER SINGER — À vrai dire, je n'ai pas été surpris par l'impact qu'a eu ce livre. Au moment où je l'écrivais, j'étais persuadé de déployer un puissant argumentaire — et même, j'oserais le dire, un argumentaire irréfutable — démontrant qu'il y a, dans nos attitudes à l'égard des animaux, quelque chose de sérieusement erroné et d'inacceptable.

NORMAND BAILLARGEON — À quoi vous attendiez-vous ?

PETER SINGER — Puisque je pense que beaucoup de gens — même si ce n'est pas vrai pour tout le monde — peuvent être sensibles à un raisonnement éthique, je prévoyais que mon livre inciterait de nombreuses personnes à modifier leurs comportements envers les animaux et, par la suite, à cesser leur consommation de viande ou prendre part, de quelque manière que ce soit, à leur exploitation.

NORMAND BAILLARGEON — Est-il encore aussi pertinent qu'à l'époque ?

PETER SINGER — Trente-cinq ans plus tard, je me réjouis que cet ouvrage n'ait jamais cessé d'être imprimé et qu'il continue à influencer des gens : en fait, chaque fois que je donne une conférence sur ce sujet, des personnes de tous âges viennent me voir pour faire dédicacer leur exemplaire d'*Animal Liberation* et me dire à quel point ce livre a transformé leur vie.

NORMAND BAILLARGEON — Outre la réception individuelle, quel a été l'effet d'*Animal Liberation* sur la société ?

PETER SINGER — Pour ce qui est de la société au sens large, je me suis réjoui du résultat d'un référendum, tenu en Californie en novembre 2008, par lequel 63 % des Californiens ont approuvé une loi qui abolit les usuelles cages d'élevage en batterie pour les poules ainsi que les stalles pour les cochons et les veaux. C'est ainsi que quelques-unes des idées que je défends dans mon livre deviennent peu à peu partagées par le grand public.

Régimes alimentaires « animaux-responsables »

Ovolactovégétarisme
Régime excluant toute viande animale, mais incluant les produits issus de l'exploitation animale (lait, œufs, miel).

Lactovégétarisme
Régime excluant toute viande animale et les œufs, mais incluant certains produits issus de l'exploitation animale (lait, miel).

Ovovégétarisme
Régime excluant toute viande animale et les produits laitiers, mais incluant certains produits issus de l'exploitation animale (œufs, miel).

Végétalisme
Régime excluant toute viande animale et tout produit issu de l'exploitation animale (lait, œufs, miel).

Végétalisme intégral (véganisme)
Régime végétalien, accompagné d'un mode de vie excluant toute exploitation animale, soit l'utilisation de produits (fourrure, cire d'abeille, peau, etc.) et les tests sur les animaux.

Fruitarisme
Régime végétalien incluant uniquement les végétaux mûrs, certains légumes, tels que les haricots et les cucurbitacées, mais en excluant d'autres, dont les tubéreux. Ce régime vise à ne pas porter atteinte aux végétaux.

Crudivorisme
Régime véganiste imposant la consommation de produits non cuits ou chauffés à une température maximale de 48 °C, et ce, pour des raisons de santé.

Semi-végétarisme
Régime excluant la viande rouge, mais incluant celle des volatiles, des poissons ainsi que des fruits de mer.

N.B. : « Certains végétariens font de leur régime alimentaire une question davantage éthique que déontologique ; en d'autres termes, ils acceptent de consommer des produits issus de l'exploitation animale si elle est éthique, notamment en excluant la souffrance des animaux*. »

* Léa Fontaine, « Le végétarisme : un choix éthique envers les animaux », *À bâbord !*, n° 42, décembre 2011-janvier 2012.

Racisme, sexisme… spécisme

Si les concepts de racisme et de sexisme nous sont hélas familiers, il convient maintenant, selon Singer, d'y ajouter celui de spécisme.

Ce concept, élaboré en 1970 par Richard Ryder, fonctionne selon la même logique : être spéciste, c'est opérer une distinction selon des critères d'appartenance à une espèce biologique donnée, là où ce critère n'est pas pertinent. Ainsi, on accordera un traitement privilégié à certaines espèces et, bien souvent, à la sienne. On s'émeut volontiers du sort des animaux familiers que sont chats, chiens, chevaux et autres compagnons « jolis » et « charmants », mais guère ou pas du tout de la condition des animaux d'élevage. Ce sont pourtant ces derniers, aussi sensibles, et vivant dans des conditions atroces, que nous consommons quotidiennement, quand nous ne les utilisons pas pour nous vêtir ou nous divertir.

Singer considère que cette idée de capacité de ressentir de la douleur — centrale et aux lourdes conséquences — doit être justifiée et explicitée.

Le sens commun permet d'observer de quelle façon des espèces différentes réagissent à la souffrance en tentant de la fuir. La biologie renseigne sur les points communs entre les systèmes nerveux des espèces et sur les similitudes entre leurs physiologies et leurs anatomies. La théorie de l'évolution nous apprend notre origine commune, ce qui avalise l'idée que toutes ces espèces sont conscientes et ressentent des douleurs comparables, auxquelles nous devons accorder le même intérêt, ce qui implique, sur ce plan, un traitement égal.

La ligne de démarcation précise entre les animaux qui ressentent de la douleur et ceux qui ne la ressentent pas devient peu à peu plus difficile à tracer. Si certaines attributions ne sont pas problématiques, comme les grands singes, les mammifères et les oiseaux, qui sont définitivement du côté des animaux humains, d'autres sont moins aisées à établir. Ainsi, qu'en est-il des invertébrés et des crustacés ? Quant aux huîtres et aux palourdes, elles semblent bien se situer du côté opposé aux animaux humains.

Les implications pratiques de ce raisonnement sur la manière dont nous traitons les animaux sont considérables. Cela remet en question, par exemple, l'expérimentation sur les animaux en laboratoire, leur utilisation à des fins de divertissement, pour se vêtir ou chasser. Sans parler de notre alimentation puisque nous devons tenir compte d'où proviennent la viande et les autres produits animaux consommés aujourd'hui. En effet, il ne faut pas chercher longtemps pour constater à quel point l'élevage industriel auquel nous devons la viande, les œufs et le lait engendre de la souffrance chez les animaux concernés. Une souffrance qui est synonyme de mort prématurée. Singer décrit ainsi les méthodes TRÈS discutables de l'industrie :

« De nos jours, aux États-Unis, quelque 102 millions de poulets de chair sont tués chaque semaine [et 5,3 milliards d'oiseaux chaque année] après avoir été élevés dans des usines hautement automatisées. [...] C'est en les confinant à l'intérieur qu'on a transformé les poulets de ferme en objets manufacturés. Un producteur de poulets reçoit des écloseries entre 10 000 et 50 000 poussins âgés de quelques jours, qu'il place dans un long hangar sans fenêtres. [...] Tous les aspects de leur environnement sont contrôlés pour assurer qu'ils croissent le plus vite possible en consommant le moins de nourriture possible. Les poulets sont tués à sept semaines — la durée de vie naturelle d'un poulet est d'environ sept ans. Ils pèsent alors entre quatre et cinq livres, mais n'ont peut-être qu'un demi-pied carré d'espace par poulet, moins qu'une feuille de papier usuelle. [...] Le picage (arrachement) des plumes et le cannibalisme sont considérés comme des défauts, mais ne sont pas des défauts naturels : ils sont causés par le stress et la surpopulation. Les poulets sont des animaux très sociaux et, dans la cour d'une ferme, à 90, ils établissent une hiérarchie [...], mais c'est autre chose quand ils sont 80 000. [...] Pour mieux les contrôler, le fermier [...] a recours à un éclairage très faible [...] et au débecquetage [...] pratiqué avec des lames brûlantes[6]. »

Une recette qui n'est pas au goût de tous

Pour autant, aujourd'hui, certains ne goûtent pas nécessairement la recette de Singer. Qu'on en juge par deux positions marquantes et philosophiquement fondées.

Les animaux ont des droits

Pour plusieurs, inspirés par Kant et appelés « déontologues », Singer et les utilitaristes ne vont pas assez loin. Tom Regan est sans doute le plus connu des défenseurs de cette position. Selon lui, les animaux sont les « sujets d'une vie » et ont, pour cette raison, des droits qu'il nous faut respecter, et ce, dans certains cas, en leur accordant le statut de personne (les dauphins, possiblement...). Évidemment, les déontologues ne réclament pas pour eux le droit de fréquenter l'université, mais ils demandent qu'on leur accorde celui de ne pas être torturés et utilisés à des fins d'expérimentation. Pour certains, comme les grands singes, ils souhaitent qu'on leur donne d'autres droits accordés jusqu'ici uniquement aux êtres humains. Ces idées font leur chemin dans l'opinion publique et dans certains débats législatifs au point de promouvoir l'usage de l'expression « animal non humain ».

La position des déontologues débouche sur un abolitionnisme assumé de l'exploitation animale, bien loin du « welfarisme[7] » typique des utilitaristes. Les abolitionnistes demandent qu'on interdise totalement les pratiques qu'ils condamnent et déplorent que leurs adversaires y consentent sous certaines conditions jugées acceptables. Ils assimilent la position welfariste à celle

6. Peter Singer, *Animal Liberation*, New York, Ecco, 2002, p. 98-103.
7. Le welfarisme remet en cause la manière dont on exploite et traite les animaux, mais pas l'exploitation elle-même.

Abattoir de porcs à Chicago, au XIXe siècle.

Coupe de la glace au Bas-Canada par André Auclair.
(Avec l'aimable autorisation de l'artiste et d'Andrée Gagnon, propriétaire de la toile)

qui demande, par exemple, que la prostitution se pratique dans de bonnes conditions, plutôt que de demander sa suppression. Il la compare aussi parfois, de manière plus polémique et controversée, à un refus d'exiger l'abolition de l'esclavage.

Les hommes aussi ont des droits

Une seconde force d'opposition à Singer se dessine chez ces penseurs qui défendent une position que, faute de mieux, on pourrait appeler « compassionnelle ». Un philosophe contemporain comme Roger Scruton en est un bon représentant. Celui-ci admet sans hésitation que nos pratiques industrielles sont inacceptables. Il consent aussi, a priori, à un certain élargissement de la sphère éthique pour y inclure certains animaux, mais c'est sur la question de savoir ce qui justifie cette extension, et jusqu'où elle doit aller, qu'il diffère d'opinion avec Singer ou Regan.

Roger Scruton.
(© Knihovna Václava Havla, Ondřej Němec)

Scruton soutient une théorie contractualiste des droits et de la moralité. Selon ce point de vue, les droits et la moralité sont autant de normes mutuellement convenues auxquelles choisissent de se conformer des sujets rationnels qui s'engagent ainsi dans une relation contractuelle les uns envers les autres. Bien sûr, à l'évidence, les animaux ne peuvent être des parties à un tel contrat. Selon le philosophe, il s'ensuit que parler de droits à leur propos ne saurait avoir de sens. Il rejoint ainsi une autre idée de Kant qui pense en effet que nous n'avons aucun devoir direct envers eux. Scruton suggère alors de distinguer trois groupes d'animaux envers lesquels nous avons des devoirs différents, mais toujours fondés sur un idéal de sympathie et de pitié.

Premier groupe : les animaux de compagnie

Dans ce premier groupe, les animaux de compagnie acquièrent le statut de membres honoraires de notre communauté morale. Nous avons des devoirs particuliers envers eux. Nous devons leur assurer un certain niveau de bien-être et leur permettre de se réaliser pleinement en tant qu'êtres vivants. Pour cela, nous pouvons leur procurer de l'exercice, les stimuler, leur fournir des activités qui les intéressent, etc. Nous devons aussi les discipliner et les dompter et « être stricts dans nos rapports avec eux, punir leurs vices, contraindre leurs désirs et façonner leurs personnalités[8] ».

Deuxième groupe : les animaux au service de l'homme

Scruton distingue ici les animaux qui nous sont utiles : les bêtes de somme (notamment le cheval) et ceux qui sont présents dans le sport, comme les chiens ou les taureaux. Selon lui, nous devons les traiter comme des animaux de compagnie.

Il inclut aussi les animaux exposés comme spécimens dans les zoos, une pratique qui lui semble indéfendable en vertu de la sympathie et de la pitié que nous devrions éprouver pour eux.

8. Roger Scruton, *Animals Rights and Wrongs*, Londres, Demos, 1996, p. 70.

On trouve encore dans ce groupe les animaux élevés pour ce qu'ils produisent : la vache pour le lait, le vison pour la fourrure, le cochon pour la viande, etc.

Scruton réclame un abandon des pratiques actuelles, mais défend la consommation de viande et de produits animaux obtenus dans des conditions adéquates. Il classe enfin dans cette catégorie les animaux destinés à la recherche tout en demandant qu'on minimise leur souffrance et qu'on les utilise judicieusement.

Troisième groupe : les animaux sauvages

Selon lui, tout en faisant preuve de sympathie et de pitié envers les animaux sauvages, nous devons agir pour défendre nos intérêts. Il est ainsi légitime de vouloir exterminer des rats et de pratiquer la chasse.

« Dis-moi ce que tu manges, je te dirai ce que tu es[9] »

Il existe d'autres arguments utilitaristes en faveur du végétarisme. Tout le monde sait que la production de viande comporte un coût environnemental excessif engendré par la pollution générée, la quantité d'eau requise et la contribution au réchauffement climatique, notamment par la production de méthane. Il serait sans doute plus efficace que la culture de grains destinés à nourrir les animaux que nous mangeons serve directement à notre propre alimentation !

Mais avant tout, pour Singer, cette montagne de douleur pour satisfaire l'éphémère plaisir de manger de la viande justifie que l'homme y renonce, sans le moindre danger pour sa santé. Le calcul est simple: devenir végétarien (ou adopter tout autre régime qui proscrit la viande), c'est contribuer à diminuer de façon appréciable la souffrance animale. ♦

9. Anthelme Brillat-Savarin, *Physiologie du goût ou Méditations de gastronomie transcendante. Dédié aux Gastronomes parisiens par un professeur.* Aphorisme IV, Paris, A. Sautelet, 1825. Sur le site de la Bibliothèque nationale de France [www.gallica.bnf.fr/ark:/12148/bpt6k1063697/f1.image]

Tableau de chasse de lapins de garenne et autres gibiers, 1939.

Nature morte au gibier, tableau de Giuseppe Recco (1634-1695).

SUJETS DE CONVERSATION À TABLE

①

À la lumière de l'encadré « Régimes alimentaires "animaux-responsables" », suggérez à vos invités de donner leur définition de chacun des régimes mentionnés. Pour pimenter le tout, introduisez subrepticement dans la liste le mot « culturalisme », qui est en fait un courant de l'anthropologie mélangeant anthropologie et psychanalyse.

②

Proposez à vos invités de se répartir en deux groupes : l'un pour la corrida, l'autre, contre. Demandez-leur de présenter leurs arguments et animez le débat en bon journaliste.

③

De l'homme à la pierre, en passant par les animaux, les végétaux, etc., où se situe la frontière qui délimite les espèces vivantes ?

④

Entre une poutine au foie gras et du caviar, que choisiriez-vous et pourquoi ?

LECTURES SUGGÉRÉES

Pour découvrir la pensée de Peter Singer, lisez son best-seller et une brochure qui pourraient vous inciter à devenir végétarien comme lui :

→ *La libération animale*, Paris, Payot & Rivages, 2012.

→ *L'égalité animale expliquée aux humains*

[www.infokiosques.net/lire.php?id_article=133]

Un survol de ses positions sur divers sujets, de l'euthanasie à l'avortement, et pour se familiariser avec sa perspective utilitariste :

→ *Questions d'éthique pratique*, traduit de l'anglais par Max Marcuzzi, Paris, Bayard, 1997.

Un essai dans lequel il cherche à cerner ce que serait une politique de gauche qui prendrait au sérieux le darwinisme. Selon lui, la réponse serait du côté des diverses formes de coopération et d'altruisme identifiées par la biologie :

→ *Une gauche darwinienne : politique, évolution et coopération*, traduit de l'anglais par Manuel Benguigui, Paris, Cassini, 2002.

Les effets, les dangers et les inégalités de la mondialisation :

→ *One World Now : The Ethics of Globalization*, New Haven (CT), Yale University Press, 2004.

Un appel passionnel et argumenté pour inciter chacun de nous à faire des gestes qui permettraient, sinon d'éliminer, au moins de réduire substantiellement l'extrême pauvreté à l'échelle planétaire :

→ *Sauver une vie : agir maintenant pour éradiquer la pauvreté*, Paris, Michel Lafon, 2009.

Un ouvrage dans lequel certaines vives controverses suscitées par les idées de Singer sont explorées :

→ *Peter Singer Under Fire : The Moral Iconoclast Faces His Critics*, sous la direction de Jeffrey A. Schaler, Chicago (IL), Open Court, 2009.

Sur les questions des droits des animaux :

→ Jean-Baptiste Jeangène Vilmer, *L'éthique animale*, Paris, PUF, coll. « Que sais-je ? », 2015.

→ *Le Projet Grands Singes : l'égalité au-delà de l'humanité*, sous la direction de Paola Cavalieri et Peter Singer, traduit de l'anglais par Marc Rozenbaum, Nantes, One Voice, 2003.

— Chapitre 5 —

JE PENSE, DONC JE MANGE

CHOISIR CE QUE L'ON MANGE AVEC DISCERNEMENT

Le problème, aujourd'hui, c'est que nous ne savons plus si nous choisissons ce que nous mangeons ou si on nous l'impose ! Quid des publicités mensongères et autres informations trompeuses sur les produits alimentaires ? Faut-il être stoïque et accepter les choses comme elles sont ou plutôt sceptique et faire des choix avisés ? Pour tenter d'y voir clair, visite en bonne compagnie dans la jungle d'un supermarché.

Quand une sceptique invite un stoïcien à faire les courses

Une voiture hybride approche. C'est Laura, 31 ans, qui m'a invité ce soir à manger chez elle.

Bien qu'ayant obtenu un doctorat en philosophie après une maîtrise en neurosciences, Laura ne se définit pas comme une philosophe ni une neuroscientifique, mais plutôt comme une sceptique. Et, puisqu'elle a le sens du jeu et de la pédagogie, elle m'invite à faire les courses pour notre repas.

Une fois dans sa voiture, moi-même, de nature stoïque et un tantinet provocateur, je lui demande si cette « excursion » au supermarché aurait quelque chose à voir avec son scepticisme avéré. En guise de réponse, elle me sourit. J'en profite alors pour la prier de m'expliquer ce qu'est le scepticisme. Trop contente de pouvoir partager cette manière de penser, elle s'exécute de bonne grâce.

— Le scepticisme (du mot grec *skeptomai,* « j'examine ») est d'abord une école philosophique fondée dans l'Antiquité par Pyrrhon (v. 365–275 av. J.-C.) qui, comme Socrate (470–399 av. J.-C.) d'ailleurs, n'a rien écrit ! Le mot a alors un sens particulier. Le (ou la) sceptique cherche à atteindre un état de tranquillité d'esprit (l'ataraxie ou paix de l'âme) dont l'accès est rendu difficile en raison de notre suffisance à détenir le vrai ainsi que des croyances et autres jugements qui avivent nos passions. La voie qui mène à cette tranquillité passe par une critique de la connaissance et de la prétention de connaître.

Je lui demande si le fait de prétendre savoir qu'on ne sait pas n'est pas un peu contradictoire.

— Attention ! me répond-elle. Bien entendu, le sceptique ne prétend pas ça, ce qui serait en effet incohérent. Mais il s'efforce d'examiner toutes les croyances, toutes les propositions se donnant pour vraies, de manière à juguler cette prétention de connaître par une suspension du jugement (épochê), qui neutralise les passions.

— Mais c'est quoi, une méthode, une philosophie ?

— Le sceptique prend la vie comme guide non philosophique dans les affaires courantes et ne nie pas, par exemple, que nous ressentons bien telle ou telle impression. Mais il ou elle cherche à enrayer cette tendance que nous avons à tirer quoi que ce soit de cette sensation, à prétendre détenir le vrai et à dogmatiser. Devant une affirmation, le sceptique n'insinue pas que la thèse soumise est fausse, mais seulement que l'on ne peut rien savoir de sa valeur de vérité. Pour cette raison, il reste en état de veille critique.

— En somme, il s'agit de se délester du fardeau du jugement ?

— Exactement, dit Laura. Pour Sextus Empiricus (IIᵉ–IIIᵉ s. ap. J.-C.), qui a rassemblé dans ses *Esquisses pyrrhoniennes* l'essentiel de ce que nous connaissons du scepticisme de l'Antiquité, « l'attitude sceptique est la capacité à opposer de toutes les manières possibles les phénomènes et les pensées, ce qui, étant donné l'équivalence des

« Bien qu'il existe de nombreux plaisirs qui conduisent les êtres humains à mal agir et les contraignent à agir contre leurs propres intérêts, le plaisir lié à la nourriture est sans aucun doute le plus difficile à combattre. Nous rencontrons moins souvent les autres sources de plaisir et nous pouvons nous en abstenir durant des mois ou même des années. Mais nous serons nécessairement tentés par les plaisirs gastronomiques chaque jour et même deux fois par jour, car il est impossible à un être humain de vivre sans manger. »

Musonius Rufus

Socrate.

affaires et des raisonnements ainsi opposés, nous permet provisoirement d'ajourner tout jugement et ainsi de nous libérer de tout désarroi[1] ». En cet état est supprimée « toute inquiétude [qui] provient de l'obligation de connaître et de donner une valeur aux choses[2] ». Des « formules sceptiques » bien connues illustrent la disposition d'esprit à laquelle il aspire : « Peut-être », « Admettons », « Je suspends mon jugement », « Je ne comprends pas », « C'est possible » et ainsi de suite.

Je me dis qu'une telle posture doit être difficilement tenable sans quelques préceptes.

— Les *Esquisses pyrrhoniennes* recensent pour ce faire, ajoute Laura, un important et riche éventail de ces raisons de douter qui sont autant de motifs de suspendre son jugement et d'échapper au dogmatisme.

Montaigne.

— Je veux bien, mais, quand même, ce que les sens et la raison perçoivent, ce n'est pas discutable.

— Détrompe-toi ! Prends Montaigne (1533-1592), par exemple, dont la pensée, que résume son fameux « Que sais-je ? », a abondamment puisé au scepticisme ancien :

> **« Pour juger des apparences que nous recevons des sujets, il nous faudrait un instrument judicatoire ; pour vérifier cet instrument, il nous y faut de la démonstration ; pour vérifier la démonstration, un instrument : nous voilà au rouet. Puisque les sens ne peuvent arrêter notre dispute, étant pleins eux-mêmes d'incertitude, il faut que ce soit la raison ; aucune raison ne s'établira sans une autre raison : nous voilà à reculons jusques à l'infini[3]. »**

— C'est ce que Descartes (1596-1650) a cherché à éviter avec son fameux *cogito, ergo sum*, non ?

— Dans un sens, oui, dit-elle. Descartes atteint la certitude du « Je pense, donc je suis » après avoir entrepris de douter systématiquement de tout ce en quoi il y avait la moindre petite raison de douter : le témoignage de ses sens, l'existence du monde extérieur et même les vérités mathématiques, à propos desquelles un « malin génie » pourrait nous induire en erreur en nous faisant croire que deux et deux font quatre ! Descartes pratique cet exigeant scepticisme avec l'ambition de voir si quelque chose ne résisterait pas à cet exercice. Le cogito auquel il aboutit est indubitable, et c'est à partir de lui que Descartes se réapproprie le monde et entreprend de le connaître, notamment avec les mathématiques. C'est dire à quel point le scepticisme est très présent lors de la naissance de la science empirique et expérimentale au XVIIe siècle.

Descartes par Jan Baptist Weenix.

— Mais, en bon empiriste doublé d'un sceptique mitigé, comme David Hume (1711-1776), par exemple, j'ai quand même l'impression que nous arrivons au supermarché !

— Peut-être, me répond Laura avec malice, tout en cherchant une place dans l'immense stationnement. Elle comprend très bien l'allusion.

1. Sextus Empiricus, *Esquisses pyrrhoniennes*, Paris, Seuil, coll. « Points Essais », 1997.
2. *Ibid*.
3. « Apologie de Raimond Sebond », dans Montaigne, *Essais*, Livre II, chapitre XII.

Soupe à la reine de David Hume

Dans une lettre à sir Gilbert Elliot, Hume dit vouloir consacrer ses dernières années à faire fructifier son talent de… cuisinier. Il raconte : « J'ai là sous les yeux une recette pour faire la *soupe à la reine*, copiée de ma propre main. Pour le *bœuf aux choux* (un plat charmant) et le mouton grillé, je n'ai pas de rivaux. Je fais du bouillon de tête de mouton avec une perfection dont M. Keith parle huit jours après*. » Hume avait en effet rapporté de nombreuses recettes de France, dont cette fameuse soupe (ou potage). Celle-ci avait été l'un des plats favoris de la reine Marguerite de France (ou de Valois). On la servait à la cour tous les jeudis.

Un dictionnaire de cuisine de 1839 la décrit ainsi :

« Prenez une chopine de consommé ; mettez-y la grosseur d'un œuf de mie de pain ; faites-lui faire quelques bouillons ; pilez bien fin, dans un mortier, du blanc de volaille cuite à la broche, avec douze amandes douces, trois amandes amères et six jaunes d'œufs cuits durs ; quand le tout sera bien pilé, ajoutez-y le bouillon à la mie de pain et un demi-setier de crème ou de bon lait ; passez votre coulis au tamis ; assaisonnez-le et tenez-le au chaud au bain-marie, jusqu'à ce que votre potage étant préparé avec des croûtes bien chapelées et un peu de bouillon, vous puissiez y mettre votre coulis bien chaud, sans néanmoins qu'il bouille, parce qu'il tournerait**. »

* Cité par Philarète Chasles, *Études sur la littérature et les mœurs de l'Angleterre au XIXe siècle*, Paris, Amyot, 1850, p. 265.

** M. de La Reynière, *Néo-physiologie du goût par ordre alphabétique ou Dictionnaire général de la cuisine française ancienne et moderne*, Paris, Bureau du Dictionnaire général de cuisine, 1839, p. 389.

Supermarché, photographie de Thomas J. O'Halloran, 1957. (Library of Congress)

La face cachée du supermarché

Nous sortons de la voiture et pénétrons dans le centre commercial. Sitôt arrivés, Laura me prie de m'arrêter.

— Que remarques-tu ? me demande-t-elle. Que vois-tu ? Qu'entends-tu ?

Ce n'est pas difficile. Devant nous se trouve une fontaine autour de laquelle sont installés des bancs. Il y a là des fleurs, de vraies fleurs et même un arbre, un vrai. Le contraste avec le stationnement que nous venons de quitter est saisissant. Autant celui-ci était inhospitalier, bruyant, sans végétation aucune, autant cette fontaine est accueillante, invite au calme et à s'y arrêter, longuement.

C'est bien évidemment le but recherché.

— En entrant dans le centre commercial, me dit Laura, nous venons de pénétrer dans une machine qui incite à acheter. Cette machine est efficace, testée et éprouvée. Au fait, tu m'as dit ce que tu as vu et bien vu. Mais note aussi ce que tu entends.

Je prête l'oreille. À la cacophonie extérieure a fait place une douce musique apaisante, qui s'harmonise merveilleusement avec la fontaine et invite elle aussi à s'attarder.

Nous poursuivons notre route et nous dirigeons vers le supermarché. Nous prenons un panier. Laura me fait remarquer à quel point il est gros. Elle me dit que les recherches démontrent que l'on tendra à acheter plus si le panier offre plus d'espace.

Dans le supermarché, une autre musique douce nous accueille. Mais, cette fois, Laura me demande ce que je sens, car c'est aussi mon odorat qui est maintenant sollicité. Je n'y avais pas prêté attention auparavant, mais, dès l'entrée franchie, on se trouve devant le rayon des plats cuisinés qui dégagent une odeur forte et agréable, en particulier les poulets grillés.

— Ces effluves que le chaland sent ont un rôle à jouer dans la machine. Ils contribuent à le conditionner en le mettant en appétit, qu'il achète ou non quelque chose dans ce rayon.

Laura fait une pause, puis me désigne un vaste espace du doigt.

— Tu noteras aussi ce qu'on trouve presque immanquablement dès l'entrée d'un supermarché : les fruits et les légumes. Il y a en cela plusieurs raisons. Tu les devines ?

— Parce que c'est joli !

— En effet, me dit Laura, mais il y a plus. Tous ces fruits et légumes savamment disposés et offerts, tous sans imperfection ou presque (ils ont notamment été sélectionnés pour cela), tout ce que nous pouvons toucher et choisir nous fait oublier que nous sommes dans un supermarché vendant surtout des produits industriels. Grâce à eux, nous voilà presque dans une épicerie d'autrefois, à choisir nos aliments. De plus, tout le monde sait qu'il est important de manger beaucoup de fruits et de légumes. Nous allons donc régler cette formalité au départ, après quoi nous passerons aux choses plus sérieuses, pour le commerçant du moins. Nous pourrons ainsi nous gâter sans mauvaise conscience. Le magasin nous a justement préparé pour cela quelques bons tours et autres petites surprises. Des incitations « subliminales » en quelque sorte, à l'image de certaines publicités des années 1960.

Je suis tenté de réagir pour expliquer à Laura que ces publicités n'ont jamais existé. Mais, comme elle est trop jeune pour le savoir, je préfère garder pour moi ce qui relève de la légende urbaine.

David Hume par Allan Ramsay.

Parce qu'il s'agit bien de cela. En 1957, aux États-Unis, on aurait inséré dans un film au New Jersey des images passant si rapidement que les spectateurs ne les auraient pas perçues consciemment. Ces images auraient dit « Buvez du Coca-Cola » ou « Affamé ? — Mangez du popcorn » à l'insu des spectateurs afin de les inciter à aller se procurer ces produits au comptoir du cinéma. Et cela aurait marché ! Selon le communiqué de presse, les ventes de Coca-Cola et de popcorn auraient augmenté de 18 % et de 58 %.

Bien sûr, cette « publicité subliminale » soulevait de graves questions éthiques à une époque où l'idée de persuasion subliminale était dans l'air jusque dans les films. En guise d'exemple, *The Manchurian Candidate*[4] (*Un crime dans la tête*) racontait comment un homme était programmé pour assassiner des gens par des techniques de lavage de cerveau. Mais les faits étaient-ils avérés ? C'est la question que des sceptiques ont aussitôt soulevée. En fait, le responsable de cette campagne de publicité subliminale alléguée, James Vicary, invité à la reproduire afin d'examiner les résultats, n'y parvint jamais. Il avoua que toute l'affaire était un mensonge, un moyen d'attirer les clients vers sa compagnie de marketing.

À ce jour, l'idée de persuasion subliminale n'a reçu que très peu de preuves empiriques, ce qui n'empêche pas un marché de la « motivation subliminale » de prospérer[5]. Raison de plus pour me taire et poursuivre la visite en compagnie de Laura.

Nous arrivons d'ailleurs devant les comptoirs où se trouvent les viandes nettoyées de sang apparent et bien emballées de manière à ne pas (trop) rappeler qu'il s'agit de muscles d'animaux morts, comme se plaît à le souligner Laura, qui est végétarienne. Nous passons notre chemin en direction des nouvelles odeurs agréables de la boulangerie et continuons au gré des allées vastes et nombreuses qui composent la plus grande part du supermarché. Cependant, notre gros panier rend difficile la possibilité de faire demi-tour, de sorte que nous devons parcourir entièrement chacune de celles où nous nous sommes engagés — ce qui augmente les chances que nous achetions quelque chose que nous n'avions pas prévu acquérir.

J'en profite pour attirer l'attention de Laura sur la rigidité d'un scepticisme orthodoxe en évoquant le scepticisme « mitigé » de David Hume. Je lui parle de ce dernier pour rappeler que l'empirisme du XVIIe siècle n'a pas empêché pour autant la pratique d'un scepticisme que je qualifierais d'« éclairé » ! Cela amuse Laura qui,

4. *The Manchurian Candidate*, [Film], réalisateur : John Frankenheimer, 1962, 126 min.
5. Robert Todd Carroll, *The Skeptic's Dictionary*, art. « Subliminal », New Jersey, John Wiley and Sons, 2003, p. 367-368.

Franz Mesmer, physicien allemand.
La pratique du mesmérisme place le sujet dans un état de transe hypnotique.
(Science History Images/Alamy Stock Photo)

par son air mutin, m'invite à poursuivre notre petite enquête au pays de la savante manipulation du chaland.

Pour Hume et les empiristes, toute connaissance provient ultimement de l'expérience et des données de nos sens que nous organisons et dans lesquelles, par la régularité que nous constatons, nous mettons de l'ordre. Si la flamme est associée à la chaleur, rien ne prouve que ce savoir est absolument certain et que l'avenir ressemblera au passé. Cela fait rire Laura, qui précise que la critique de la notion de causalité de Hume est célèbre. Chose amusante, elle ajoute que ce dernier était un passionné de cuisine et qu'il est à ce titre reconnu pour avoir rendu populaire la « soupe à la reine ».

Je me permets de renchérir en précisant :

— Si, toutefois, on parvient à faire bouillir de l'eau !

— Pourquoi ne pourrait-on pas ? répond Laura.

J'y vais alors de ma démonstration en usant des propos de Hume.

— Pour une recette en cours de réalisation, on prend une certaine quantité d'eau, on la met dans une casserole que l'on dépose sur le feu. Un peu plus tard, elle bout. Jusque-là, rien d'étonnant. Et pourtant, comme c'est parfois le cas, les événements en apparence les plus simples et les plus banals peuvent se révéler profondément mystérieux et nourrir de fécondes perplexités. Qu'est-ce qui fait bouillir l'eau selon toi ?

— La chaleur.

— Effectivement, nous avons, d'une part, la chaleur et, de l'autre, l'effet, le bouillonnement. Ce savoir d'expérience nous provient de nos sens et est aussi certain qu'on peut l'espérer. Quand nous mettons de l'eau sur le feu, elle va bouillir. Mais c'est là que Hume nous demande d'observer mieux. À quoi d'observable peut bien correspondre cette idée de causalité ?

— Eh bien, parce qu'un événement précède l'autre, me dit Laura avec évidence. L'eau est froide avant d'être déposée sur le feu, de chauffer, puis de bouillir. Il y a contiguïté des événements. Priorité et contiguïté sont les deux composantes de cette idée de causalité.

Seulement, il y a autre chose. L'idée que l'eau *doit* bouillir quand elle a été chauffée. Hume appelle cette troisième dimension de notre idée de causalité la « connexion nécessaire entre deux événements ». Et il pose la question décisive à son propos : « Qu'est-ce qui est observé qui y correspond ? »

— Rien.

— Exactement, dis-je. Nous observons bien que, ceci se produisant, cela se produit ensuite, mais pas que cela se produit nécessairement parce que ceci s'est d'abord produit. Nous observons la succession, mais pas la connexion nécessaire, le « et puis », mais non le « parce que ». Cette conclusion sceptique est dramatique. Elle implique que nous ne pouvons pas être certains — puisque nous n'avons pas de base empirique observationnelle pour cela — que la même cause produira le même effet, que l'avenir ressemblera au passé et que tous les cas à venir seront semblables à ceux, même très nombreux, que nous avons déjà observés. Par la suite, en philosophie, cette conclusion sera appelée le « problème de l'induction ». C'est l'habitude — et nous avons raison de nous y fier — qui nous fait penser que l'eau va bouillir, mais pas une relation causale. Et ainsi, étant donné la place qu'y occupe l'idée de causalité, tout notre savoir humain est faillible.

— Raison de plus alors pour être sceptique ! s'exclame Laura en me conduisant vers une allée de dimension plus modeste.

Le remarquable savoir-faire de l'industrie alimentaire

Laura semble déterminée et se dirige vers un endroit précis qu'elle fixe un moment, l'air dépité.

— Les riz étaient juste ici il y a peu de temps encore. Mais ils ont de nouveau modifié le planogramme !

— Le quoi ?

— Le planogramme, dit Laura. C'est le plan qui précise la disposition des produits dans un supermarché. Mais on en change assez souvent. Pour une raison fort simple : cela permet de briser les habitudes des clients et de les amener à découvrir, et qui sait, à acheter de nouveaux produits. La disposition des marchandises offertes est une chose à laquelle on accorde une grande importance dans un supermarché. Tu remarqueras, par exemple, que les gros vendeurs et les bonnes sources de profit sont placés à la hauteur des yeux. Les moins bons vendeurs ou les produits qui génèrent de moins bons profits sont situés sur les étagères les plus basses. C'est une véritable technique. Regarde ces farines. Les gros formats sont tout en bas et il faut te pencher pour en prendre un paquet. Tu noteras aussi que les produits susceptibles d'intéresser les enfants sont commodément placés à la hauteur de leur vue.

Un employé nous apprend où se trouvent maintenant les riz. Nous nous dirigeons vers cet endroit, tandis que Laura me questionne.

— Tu as certainement remarqué que les prix se terminent presque toujours par ,99. Tu devines pourquoi ?

— J'ai pensé que ce pouvait être pour compliquer le calcul de nos achats. C'est d'ailleurs pourquoi j'arrondis toujours à l'unité.

— C'est une partie de l'explication, mais il y a autre chose. Un biais cognitif appelé « biais du chiffre de gauche ». Il s'agit d'une heuristique d'évaluation, une opération mentale qui nous fait, pour un nombre donné, accorder plus d'importance qu'on ne le devrait au chiffre de gauche, au détriment des autres. Concrètement, c'est ce qui fait que 7,99 $ nous apparaît bien moins cher que 8,00 $.

Publicité des années 1960.

On a ainsi démontré que les voitures d'occasion dont l'odomètre indiquait entre 79 900 km et 79 999 km se vendaient beaucoup plus cher que celles qui avaient entre 80 000 km et 80 100 km, mais aussi à peine moins cher que celles dont l'odomètre indiquait entre 79 800 km et 79 899 km.

— C'est tout un art, l'affichage des prix !

— Tu ne devines pas à quel point. On a même mis en évidence un biais cognitif appelé « ancrage », soit un nombre n'ayant aucun rapport avec une évaluation à faire. Eh bien, on va néanmoins voir cette évaluation se rapprocher de ce nombre, comme s'il était une ancre l'attirant vers lui.

— Là, Laura, il me faudrait un exemple...

— On demande à des étudiants de noter les deux derniers chiffres de leur numéro d'assurance sociale. Ensuite, on les fait enchérir sur une bouteille de vin. Les prix misés sont plus bas ou plus hauts selon que les nombres (ou les deux derniers chiffres) de leur numéro d'assurance sociale sont petits ou grands !

— C'est extraordinaire. Ça ouvre des tas de possibilités pour les vendeurs, non ?

— En effet, dit Laura. Et l'un des psychologues responsables de ces travaux, Daniel Kahneman, a d'ailleurs gagné le prix Nobel d'économie en 2002. Tout cela, il faut le dire, remet sérieusement en cause l'idée d'un être humain parfaitement raisonnable et capable de faire des choix rationnels, que suppose d'ailleurs la théorie économique. N'est pas « sceptique mitigé » qui veut !

— As-tu un autre exemple de ces biais cognitifs que nous devrions connaître ?

— Oui. Si le consommateur doit choisir entre A et B, il préférera B. Mais, étrangement, on peut lui faire préférer A simplement en lui offrant aussi, en plus de A et B, une version moins intéressante de A dont personne ne voudrait, mais qui rend A préférable, même à B !

— Je suis désolé, mais je suis un peu perdu.

Laura sort un stylo et un carnet qui ne la quittent jamais. Elle écrit quelque chose et me le tend. Je lis :

— Abonnements.

A. En ligne, un an : 59 $;

B. En ligne et copie papier, un an : 125 $.

Laura m'explique que, placés devant ce choix, 68 % des gens choisissent l'option A ; les autres, l'option B. Puis elle reprend son carnet, change de page, écrit autre chose et me le tend. Cette fois, je lis :

— Abonnements.

A. En ligne, un an : 59 $;

B. Copie papier, un an : 125 $;

C. En ligne et copie papier, un an : 125 $.

— Dans l'offre ainsi présentée dans la revue *The Economist*, seulement 16 % des gens ont choisi l'option A et 84 %, l'option B.

Nous nous dirigeons cette fois vers les lentilles et les légumineuses. Laura s'empare d'une boîte et examine la partie de l'étiquette où sont écrites les informations nutritionnelles. Puis elle ajoute :

— Ce petit rectangle blanc sur lequel ces informations sont inscrites en noir, on le voit normalement sur chacun des produits vendus dans ce supermarché. C'est une des choses les plus importantes qui s'y trouvent. Mais on pourrait faire mieux et, surtout, apprendre aux gens à lire ces étiquettes.

— Pourquoi si elles disent vrai ?

— Il faut savoir que ce sont les entreprises elles-mêmes qui déterminent les chiffres qui apparaissent sur les étiquettes, de la date de péremption — qu'elles ont intérêt à rapprocher de l'achat — jusqu'au reste. Le Laboratoire d'analyses SM, de Sherbrooke, accrédité par le Conseil canadien des normes, a évalué les teneurs en calories, lipides et sodium de cinq produits achetés dans un supermarché. Les disparités entre l'étiquette et les analyses étaient importantes, parfois même spectaculairement importantes[6].

— Ça prouve que le système, ou du moins une partie du système, est défectueux.

— Un cas extrême : un pita censé contenir, selon l'étiquette, un certain nombre de calories, de lipides et de sodium en contenait en fait respectivement 21 %, 138 % et 67 % de plus !

— Alors, dis-je, comment lire une étiquette ?

— En ayant en tête qu'il peut s'agir de chiffres imprécis et inexacts, je regarde d'abord la portion mentionnée (100 g, ½ tasse, 4 craquelins...) qu'il ne faut pas oublier lors de la consommation. Parfois, les quantités indiquées rendent difficile le calcul (251 mg...). Je regarde ensuite les calories, les lipides, le cholestérol et le sodium, en visant 5 % de l'apport quotidien recommandé. Les aliments préparés sont souvent terribles sur ce plan et une seule portion vous le ferait dépasser. Je regarde ensuite les fibres, le calcium, le fer et les vitamines, en visant cette fois plus haut, c'est-à-dire 20 % de l'apport quotidien recommandé. Je me méfie des appellations « sans cholestérol ». On vante le produit en disant qu'il n'en contient pas, mais il contient des gras trans, qui sont pires.

Là, j'avoue que Laura m'épate. Je me demande où elle a bien pu apprendre tout cela. Y aurait-il encore un véritable scepticisme de nos jours ? Elle m'explique qu'il reste bien présent par de nombreuses publications, publiées par autant d'associations : *Skeptical Inquirer* et *Skeptic* aux États-Unis, *Le Québec sceptique* chez nous, *Science... & pseudo-sciences* en France, par exemple. Toutes sont redevables à Martin Gardner qui a proposé, dès 1952, dans un ouvrage intitulé *In the Name of Science*, de mettre les ressources de la science et de la rationalité au service d'un déploiement de la pensée critique destiné à démontrer les croyances fausses et irrationnelles, lesquelles sont parfois dangereuses. Ainsi l'astrologie,

6. Marie Allard, « Des étiquettes peu fiables », *La Presse*, 7 avril 2015, p. A2-A3.

l'homéopathie, le surnaturel sous toutes ses formes, le triangle des Bermudes, les soucoupes volantes et d'innombrables autres croyances sont des objets sur lesquels les sceptiques exercent leur sagacité, souvent avec humour.

Tandis que nous nous approchons de la caisse, je lui demande s'il n'y avait pas aussi une histoire de cerveau dans une cuve, précisément en lien avec le scepticisme. À titre d'exemple, elle évoque le film *The Matrix* (*La matrice*), qui s'est inspiré de cette expérience imaginée par Hilary Putnam en 1981.

Hilary Putnam.

— Voici comment Putnam présente cette expérience de pensée, me dit-elle. Imagine qu'un savant maléfique retire ton cerveau de ton corps et le place dans une cuve contenant des éléments nutritifs. Les terminaisons neuronales reliées à un ordinateur superpuissant font croire à ton cerveau que tout est parfaitement normal. Mais, en réalité, tout ce dont tu as l'expérience est le résultat d'impulsions électriques. L'ordinateur est si adroit que, si tu essaies de lever ta main, la rétroaction qu'il envoie fait en sorte que ton cerveau « voit » et « sent » que ta main est levée. De plus, le savant maléfique peut te faire croire que tu as l'expérience de n'importe quelle situation. Il peut encore effacer la mémoire de ton cerveau, si bien que tu crois avoir toujours été dans un environnement ou un autre. Il peut même t'influencer de telle manière que tu crois être assis en train de lire cette histoire absurde qu'il existe un savant maléfique qui retire les cerveaux des corps et les place dans une cuve contenant des éléments nutritifs où ils sont maintenus en vie...

— Mais ça prouve quoi ?

— Ça prouve que nous n'avons aucune certitude et que seul le doute sceptique est de mise.

Et nous voilà sur le point de sortir du centre commercial quand je m'arrête tout net et demande à Laura comment, avec toutes ces précautions, elle réussit à manger.

— Pour bien m'alimenter, je suis quelques règles simples et sensées, me répond-elle tout sourire. Je fuis les aliments préparés, consomme peu de sel, de gras ou de sucre. Je mange à l'heure des repas et peu, ou le moins possible, entre les repas. Je ne mange pas d'animaux, mais ça, c'est pour des raisons éthiques. Je fais aussi de l'exercice. Je me méfie de la publicité, mais aussi un peu, hélas, sans tomber dans le conspirationnisme, de certaines recherches, car le fait est que les études menées dans ce domaine sont trop souvent peu fiables ou peu significatives[7]. Et, tout ça, sans parler de l'influence des entreprises alimentaires. Ainsi, on apprenait récemment que Coca-Cola finançait une organisation à but non lucratif, appelée Global Energy Balance Network, pour diffuser le message qu'en matière d'obésité les sucres des boissons gazeuses (et les pratiques alimentaires) n'étaient pas le problème[8]. Même le *Guide alimentaire canadien*, récemment réécrit, est critiquable sur bien des plans. Il ne parle pas des excès de sodium ni de sucre, néglige le

7. Reynold Spector, « Science and Pseudoscience in Adult Nutrition Research and Practice », *Skeptical Inquirer*, vol. 33, n° 3, mai-juin 2009.
8. Anahad O'Connor, « Coca-Cola Funds Scientists Who Shift Blame for Obesity Away From Bad Diets », *The New York Times*, 9 août 2015. [http://goo.gl/9eh2Ow]

vieillissement de la population dans ses recommandations ou le fait que nous mangeons désormais beaucoup à l'extérieur de la maison, n'interdit pas les gras trans et les colorants artificiels. Le comble, c'est qu'il n'est même pas rédigé par des scientifiques indépendants. Il ne privilégie en rien les conseils pour bien s'alimenter.

Nous sortons du centre commercial. Il fait à présent une chaleur accablante dont nous n'avions aucune idée à l'intérieur. Je me dis alors que je devrais être un petit peu plus sceptique, mais pas trop, ne serait-ce que pour échapper à la suspicion permanente. En somme, un mélange « stoïco-sceptique » qui m'assurerait de vivre en santé et de bien manger.

À ce chapitre, en compagnie de Laura, je n'ai pas de souci à me faire. ♦

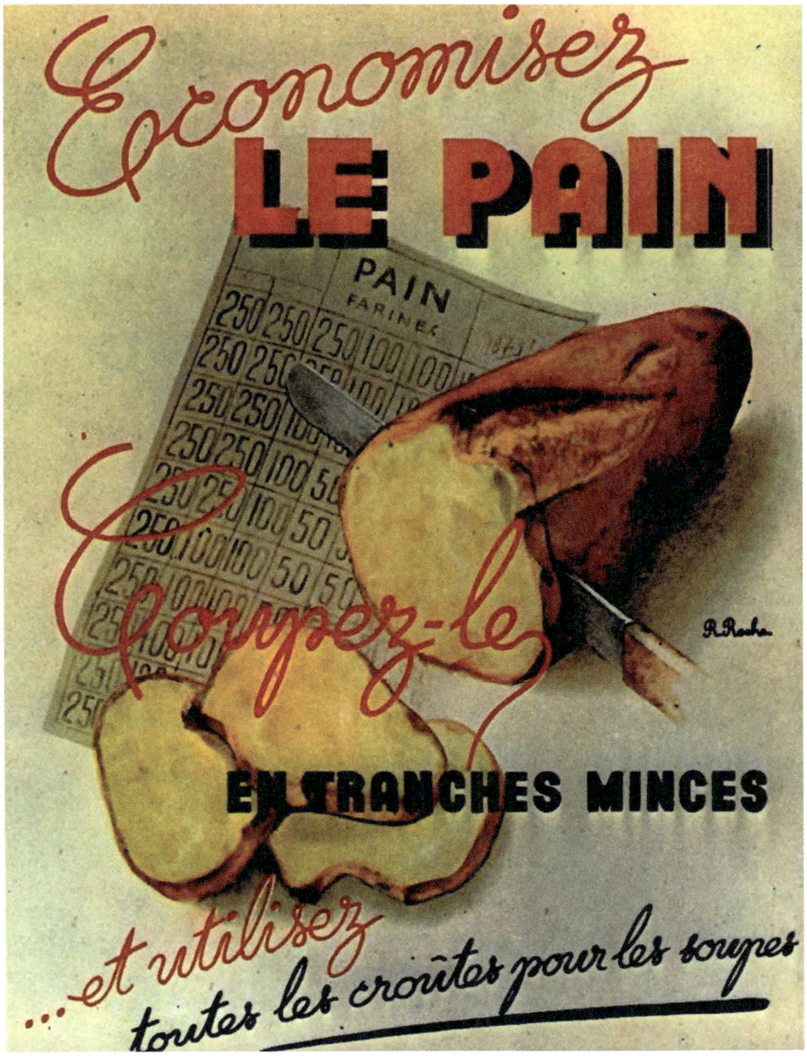

Affiche illustrée par R. Rocher, éditée vers 1942.
(Croix-Rouge française, collection Aimé-Pétraz)

SUJETS DE CONVERSATION À TABLE

①
Chaque convive décrit où et comment il fait ses achats alimentaires. À la lumière de ces descriptions, chacun répond à la question : « Peut-on manger sainement à un prix raisonnable ? »

②
La manipulation, comment y réagir ? Chaque personne évalue à quel point elle se sent manipulée lorsqu'elle fait ses courses. Comment choisir librement ?

③
Autour de la table, la question se pose quant à savoir si chacun choisit en toute indépendance les aliments qu'il achète ou s'il n'est pas influencé par les industriels de l'agroalimentaire et la mode. Et vous ?

LECTURES SUGGÉRÉES

→ Martin Lindstrom, *Brandwashed : Tricks Compagnies Use to Manipulate Our Minds and Persuade Us to Buy*, New York, Crown Business, 2011.

→ Robert Cialdini, *Influence et manipulation : comprendre et maîtriser les mécanismes et les techniques de persuasion*, Paris, Éditions First, 2004.

→ James Garvey, *The Persuaders : The Hidden Industry That Wants to Change Your Mind*, Londres, Icon Books, 2016.

→ Sextus Empiricus, *Esquisses pyrrhoniennes*, Paris, Seuil, coll. « Points Essais », 1997.

→ Normand Baillargeon, *Petit cours d'autodéfense intellectuelle*, Montréal, Lux Éditeur, 2005.

禅
茶

— Chapitre 6 —

À LA SANTÉ DU ZEN

MANGER ET MÉDITER COMME UN MOINE

Pour certains, l'acte de manger et de boire est associé à la convivialité, au bonheur d'être ensemble, de partager et d'échanger, tout en se délectant. C'est l'occasion de se retrouver et de fêter dans un élan commun où cohabitent plaisir et sociabilité. D'autres suggèrent que notre santé n'est jamais mieux préservée qu'en faisant du repas un moment d'apaisement et de ressourcement. Des régimes préconisent d'ailleurs de s'alimenter en silence si l'on veut en profiter pleinement.

Plutôt que de choisir entre deux approches qui ont chacune leur légitimité, il semble plus opportun de se pencher sur cette spécificité de la philosophie zen qui tiendrait en quelque sorte des deux : la cérémonie du thé.

Le repas suprême

En 1223, un jeune Japonais appelé Dōgen Kigen (1200-1253) — l'histoire se souviendra de lui comme du maître zen Dōgen — arrive en Chine afin d'étudier le bouddhisme zen chinois.

Le voyage a été long et périlleux. Le bateau a traversé des typhons et l'équipage a dû affronter des pirates. Arrivés à destination, Dōgen Kigen et ses camarades ne sont pourtant pas au bout de leurs peines. Ils sont confinés à bord, le temps que les autorités chinoises leur accordent le droit de débarquer.

Un jour, alors qu'ils attendent encore le feu vert qui va leur permettre enfin de toucher terre, un vieux moine monte sur le bateau.

Il se présente comme le *tenzo*, le chef cuisinier du monastère. Il demande à Dōgen s'il peut avoir quelques-uns de ces fameux shiitakés qu'il a certainement apportés avec lui, conformément à l'usage. Le lendemain est le premier jour du printemps, explique-t-il, et il aimerait bien pour l'occasion en ajouter à la soupe aux nouilles qu'il servira aux moines.

Bien entendu, Dōgen acquiesce favorablement à sa demande. Le vieux religieux lui est en fait si sympathique qu'il lui propose de partager son repas du soir et de dormir sur le bateau. Il pourra ainsi reprendre sa longue route le lendemain, frais et dispos.

Mais le vieux moine refuse absolument et insiste pour repartir aussitôt. Il éclate même de rire à la suggestion de Dōgen qu'un autre moine que lui prépare le repas. Devant l'incompréhension manifeste du Japonais, il lui répond qu'il y a encore des choses à propos du bouddhisme zen qu'il ne comprend pas et qu'ils auront l'occasion d'en reparler au monastère. Après quoi, il rebrousse chemin. Dōgen reverra le vieil homme au sein de sa communauté et ce dernier lui laissera une forte et profonde impression.

Revenu au Japon, Dōgen fonde la branche du bouddhisme zen appelée Sōtō. Un des ouvrages qu'il rédige pour exposer ses idées s'intitule *Instructions au cuisinier zen*. Il y est moins question de repas à préparer que de la conduite à tenir pour mener et consommer ce que les adeptes du zen nomment le repas suprême : sa propre vie.

« Nous faisons tant de choses, nous courons si vite, la situation est difficile et bien des gens disent : "Ne restez pas assis là : faites quelque chose !" Mais faire quelque chose pourrait bien empirer la situation. On devrait plutôt dire : "Ne faites pas quelque chose et restez assis là !" Restez assis là, arrêtez-vous, soyez vous-même et commencez à partir de là. C'est cela que signifie le fait de méditer. »

Thich Nhat Hanh

Maître Dōgen, par Shamon Tekion Kinga. (Dōgen Sangha Buddhist Group)

Mise en bouche zen

De façon très simple et schématique, le zen est issu d'une branche japonaise du bouddhisme Mahāyāna qui prend naissance en Inde au début de notre ère. Cette forme de bouddhisme se développe ensuite en Chine pour s'exporter vers les IVe et Ve siècles en Corée, puis au Japon. C'est là que naît le zen, prononciation japonaise du terme chinois *chan*.

La pensée zen se caractérise par l'absence d'écrits, même si certains enseignements ont été notés et publiés. Le zen se transmet oralement, ce qui aurait fait dire à Bodhidharma (v. 470–v. 543), d'origine indienne, fondateur en Chine de l'école chan : « Sans le recours à l'écrit, par un enseignement différent [de tous les autres] qui touche directement l'esprit, [il permet de] révéler la vraie nature de bouddha [c'est-à-dire de la conscience éveillée]. » En somme, il s'agit d'atteindre directement la conscience, plus exactement la « pleine conscience » qui est présente en chacun de nous, mais occultée par notre tendance à conceptualiser et à se penser soi-même comme une entité séparée. Pratiquer le zen, c'est « continuer d'accomplir des actions habituelles par-delà la dualité et la linéarité temporelle, en ne faisant qu'un avec son geste, son activité, son but[1] ». Il y a donc une véritable fusion entre l'être et l'univers, ce qui est loin d'être anodin lorsqu'il s'agit de vivre pleinement les plaisirs de la table.

Ingrédients zen

La pratique de la méditation (appelée zazen) est un de ces exercices conduisant à l'illumination. Dōgen en développe une vision originale selon laquelle elle ne conduit pas tant à l'illumination recherchée qu'elle la procure, par l'attention à l'expérience qu'elle suppose.

Habituellement, on pratique la méditation face à un mur blanc. À ce sujet, Bodhidharma est un véritable modèle puisqu'on prétend qu'il serait demeuré assis en profonde méditation devant un rocher durant neuf ans !

Pendant les séances, on alterne entre la méditation proprement dite et la marche méditative. La pratique comprend trois ajustements :

· *L'ajustement du corps.* Préparé par une saine alimentation et de l'exercice, le corps adopte l'une ou l'autre des deux positions assises recommandées : le lotus ou le demi-lotus ;

· *L'ajustement de la respiration.* L'attention du méditant est fixée sur les inspirations et les expirations ;

· *L'ajustement de l'esprit.* La méditation vise à faire cesser les mécanismes de l'esprit conscient.

La pensée zen, qui pose l'interpénétration de toutes choses et l'impossibilité de les séparer, conduit encore à cette idée que le plus simple des gestes est déjà, ou du moins comprend, cette saisie intuitive, par-delà le soi, que l'illumination procure.

Le zen a pour cela encouragé diverses méthodes et exercé une grande influence sur les arts (notamment la poésie, la musique et la peinture), qu'il conçoit et pratique de manière originale. La calligraphie zen, *hitsuzendō*, est encore un exemple de cette attention portée aux plus simples gestes, comme le tir à l'arc ou la construction de ces jardins épurés connus universellement.

1. Anna Ghiglione, *L'expérience religieuse en Chine : sagesse, mysticisme, philosophie*, Montréal, Médiaspaul, coll. « Notre temps », 2009, p. 162.

La méditation zen se pratique traditionnellement face à un mur blanc.

La cérémonie du thé (*chanoyu*)

Dans l'histoire du Japon, c'est durant l'époque d'Edo (v. 1603-1868) que la cérémonie du thé se répand, au moment même où la cuisine se raffine.

Cette voie du thé, comme les autres voies recommandées par la pensée zen, demande que l'on fasse des gestes hautement codifiés. Traditionnellement, la cérémonie, un véritable rituel, se déroule dans un lieu qui lui est expressément dédié, un pavillon de jardin aux dimensions précises (quatre tatamis et demi, soit environ neuf mètres carrés), construit avec des matériaux particuliers (papier et bois). Elle exige de l'hôte et des participants, qui portent des vêtements protocolaires, qu'ils utilisent selon des règles strictes un ensemble établi d'ustensiles et d'instruments faits également de matériaux choisis. Durant la cérémonie, les participants peuvent observer des peintures, des calligraphies et des arrangements floraux. Le tout, caractérisé par un grand dépouillement ainsi qu'une profonde sobriété, conduit chacun à porter son attention sur la cérémonie elle-même et sur ce qui s'y déroule, et parvient à engendrer cet état d'esprit que le zen et la méditation cherchent à produire.

Les ustensiles et la vaisselle qui servent à préparer le thé sont d'abord essuyés, cette purification symbolique étant accomplie par des gestes rituels qui induisent un état de calme et de concentration. Une fois prêt, le thé circule d'un convive à l'autre dans un même récipient et chacun boit au même endroit que son voisin afin d'évoquer le lien qui les unit.

Trois Japonaises prenant le thé vers 1877. (Stillfried & Andersen/Library of Congress)

Daïkon, dessin japonais du XIXe siècle. (Library of Congress)

La cuisine zen

La cuisine japonaise est avant tout unique parce qu'elle se développe au sein d'une culture qui cherche délibérément à se préserver des influences de l'Occident.
Les ingrédients qu'elle utilise n'ont rien d'exotique. Ses techniques, comme ses présentations, n'ont rien d'extraordinairement complexe. Il s'en dégage toutefois un raffinement, qui provient de sa simplicité et d'une certaine austérité, qui n'est pas sans rappeler la philosophie zen.

Le riz, bien entendu, est l'élément central de cette cuisine. À grains courts, collant et légèrement sucré, il est arrivé de Chine et de Corée il y a environ deux millénaires et demi. On dépose parfois sur lui d'autres aliments.

Les Japonais le mangent habituellement bouilli, blanc, sans sauce ni épices, à l'aide de baguettes — ce que permet sa texture collante. Chacun possède les siennes. Les baguettes sont venues de Chine avec le bouddhisme.

Si l'on exclut les nouilles que l'on fait parfois à partir du riz, cet usage ne souffre que deux exceptions : le *mochi*, un gâteau de riz consommé lors des grandes occasions, et le saké, une boisson alcoolisée bien connue en Occident.

Conformément à des préceptes bouddhistes, l'alimentation carnée et l'élevage animal qu'elle suppose ont historiquement fait l'objet de nombreuses interdictions au Japon. Le poisson, par contre, est très prisé. Il est parfois consommé cru, découpé en tranches minces. On le conserve dans le sel et le vinaigre pour l'apprêter en fines bouchées. C'est de cette pratique que proviennent les sushis.

Parmi les autres particularités de la cuisine japonaise, il convient de ne pas oublier :

· Les algues, servies en accompagnement ou comme une composante du *dashi*, un bouillon de poisson ;
· Les radis daïkons ;
· Les courges ;
· Les champignons, notamment les shiitakés ;
· Les haricots de soya, consommés sous forme d'edamames, de tofu ou en pâte de miso, par exemple ;
· La sauce soya et le mirin.

Cette cuisine se singularise aussi par le fait qu'elle porte, sans doute plus que toute autre, une très grande attention aux plats dans lesquels la nourriture est servie, leur taille, leur forme, leur couleur, leur décoration et l'harmonie qui naît des aliments qui y sont déposés. Manger est ainsi, très consciemment, une aventure visuelle autant que gustative. Comme avec la cérémonie du thé, on cherche à procurer aux convives une expérience esthétique complète.

On mange assis directement sur le sol ou sur un tatami, ce qui incite à le faire plus lentement. Tous les plats sont apportés simultanément, comme c'est le cas du *cha-kaiseki*[2] que l'hôte sert durant la cérémonie du thé.

Brian Wansink.

Manger zen

Il y a bien une manière zen de manger, et pas seulement le suprême repas, les repas quotidiens également.

On peut décrire cette façon d'être présent par la subtile différence entre une attitude qui consiste à dire : « Ce plat est tellement savoureux que je voudrais que ce moment ne s'arrête jamais », et celle que résume la formule : « Ce plat est tellement savoureux que je ne veux rien rater de ce moment où je le savoure. » Cette dernière attitude, centrée sur le présent, invite à vivre l'instant pleinement, tandis que la première recèle un certain regret qui empêche déjà de l'apprécier totalement.

Aujourd'hui, la pensée et les pratiques occidentales de toutes sortes s'approprient de plus en plus des éléments du zen. C'est le cas du chercheur contemporain Brian Wansink. Ce dernier suggère qu'une des causes de l'obésité dans nos sociétés pourrait bien être cette absence de pleine conscience du fait de manger, au moment où la nourriture est abondante, facilement accessible et attirante.

Le titre de l'ouvrage dans lequel il défend cette thèse est limpide : *Mindless Eating : Why We Eat More Than We Think*[3] (ce qui signifie « Manger sans en avoir conscience : pourquoi mangeons-nous plus que nous pensons »). Il suggère de s'arrêter sur ce que nous consommons et, pour cela, de noter soigneusement toutes nos habitudes alimentaires : ce que nous avons mangé, où, quand, comment, avec qui, par qui est-ce préparé, la provenance des ingrédients, le coût du repas, son goût et les données les plus précises possibles sur les valeurs nutritionnelles de ce qui a été ingurgité (le poids, les calories, les glucides, les protéines, etc.). Enfin, chaque semaine, il propose de dresser un bilan quantitatif et qualitatif de ce qui a été absorbé durant les sept jours précédents.

2. *Food Cultures of the World Encyclopedia*, sous la direction de Ken Albala, Santa Barbara (CA), Greenwood, 2011, 4 volumes.
3. Brian Wansink, *Mindless Eating : Why We Eat More Than We Think*, New York, Bantam Books, 2006.

Le *cha-kaiseki*, raffinement japonais

Dans l'Empire du Soleil levant, la cuisine *kaiseki* est le comble du raffinement.

Le *cha-kaiseki* consiste en un repas léger offert aux invités avant la cérémonie du thé, le *chanoyu*. Ce rituel élégant est composé d'une multitude variée de petites bouchées plus délicates les unes que les autres, inspirées par les saisons et les produits locaux. Au cœur du menu traditionnel, on retrouve notamment des entrées et amuse-bouches de poisson cru ou cuit, des bouillons, légumes, plats mijotés et nourriture grillée. Sans oublier le riz. Les plats suivent les humeurs du chef, qui est le seul maître à bord. Dans notre assiette, on peut découvrir un sashimi de thon avec des pousses et des fleurs, car chacune de ces préparations est travaillée avec finesse (on apporte un soin méticuleux au mélange des couleurs, des goûts et des textures) et devient presque une œuvre d'art en soi.

La vaisselle et les bols de dimensions et de formes variées concourent à la beauté de l'ensemble pour faire de ce rituel une expérience à la fois esthétique et gastronomique.

Des pratiques zen déroutantes

Le zen s'acquiert à la faveur de différentes pratiques qui déstabilisent et font sortir l'esprit de ses habitudes de conceptualisation mutilantes. C'est le cas des fameux koans.

Il s'agit de briser cette espèce de muraille conceptuelle qui entoure le monde, nous enferme et nous empêche de parvenir à ce moment d'illumination en soi : le satori. Pour ce faire, le maître soumet à la méditation des disciples des énoncés paradoxaux auxquels ils ne peuvent répondre par la réflexion conceptuelle. Le plus connu des koans pourrait bien être : quel est le bruit d'une seule main qui applaudit ?

En voici un autre : imaginez un homme grimpé dans un arbre. Il est accroché à une branche par les dents. Ses mains ne peuvent pas la saisir et ses pieds n'atteignent pas le tronc. Quelqu'un lui demande : « Pourquoi Bodhidharma est-il venu de l'Ouest ? » Si l'homme ne répond pas du tout, il est en défaut. Mais, s'il répond, il tombe et se tue. Que faire alors dans une telle situation ?

Il existe aussi des dialogues zen, appelés *mondō*, qui défient la conceptualisation. Ils illustrent les manières par lesquelles un maître zen, pressentant dans la question d'un disciple une sorte de posture mentale qui risque de freiner son progrès vers l'illumination, la détourne. En voici un exemple :

Un jeune moine demande à Joshu : « Quelle est la véritable signification du bouddhisme ? » Et Joshu de lui répondre : « Le cyprès est dans la cour. »

La méditation du raisin

Nous avons tous mangé du raisin un jour ou l'autre. Nous avons tous croqué grain après grain. Il n'y a là rien que de très banal. Mais avons-nous déjà *vraiment* mangé un raisin ?

La question peut paraître saugrenue. C'est pourtant en se penchant sur cette expérience qu'un professeur de médecine, spécialiste de biologie moléculaire, Jon Kabat-Zinn, a illustré la méditation de pleine conscience (*mindfullness*).

Jon Kabat-Zinn.

Cette forme de méditation, dont il est en quelque sorte le père, est inspirée du bouddhisme zen. Elle est aujourd'hui enseignée et pratiquée avec succès par des médecins et des patients à travers le monde. L'intelligence de Kabat-Zinn est de faire la démonstration que cette méditation n'a rien d'inhabituel, de mystique ni d'ésotérique, mais qu'elle est tout ce qu'il y a de plus normal et accessible. L'expérience repose sur le principe d'être attentif à chaque étape.

Pour commencer, prenons un raisin et observons-le soigneusement, avec un regard neuf. Comme si c'était la première fois. Apprécions, entre autres, sa forme, sa texture, sa fermeté et sa couleur.

« Nous sommes aussi conscients de toutes les pensées que nous pourrions avoir au sujet des raisins ou de la nourriture en général. Nous relevons toutes les pensées et les sensations d'appétit ou d'aversion pour les raisins qui se présenteraient tandis que nous l'observons[4]. »

Ensuite, nous l'approchons de notre nez et en apprécions l'odeur, avant de le porter à notre bouche tout en ayant conscience du mouvement que fait notre bras. Nous considérons avec attention le moment où nous salivons. Notre esprit et notre corps sont mobilisés dans l'anticipation de savourer le fruit. Nous poursuivons le processus en mettant le grain dans notre bouche et nous le mâchons lentement. Lorsque le désir d'avaler se fait sentir, nous y cédons consciemment. Une fois cette dernière étape réalisée, nous sentons clairement que le poids de notre corps est augmenté d'un raisin !

Ce que cela nous apprend, c'est que « la méditation de pleine conscience permet de développer une conscience détendue qui permet à l'attention de suivre naturellement les éléments de l'expérience[5] ».

Selon Kabat-Zinn, chaque participant dit avoir vécu l'expérience de manière positive, même s'il n'aimait pas le raisin ! Mais l'important, c'est la leçon qu'il en tire :

4. Dr Jon Kabat-Zinn, *Au cœur de la tourmente, la pleine conscience : le manuel complet de MBSR, ou réduction du stress basée sur la mindfulness*, Paris, J'ai lu, 2012, p. 90.
5. Thanh-Lan Ngô, « Pleine conscience et psychiatrie », sous la direction de Thanh-Lan Ngô et Jean Caron, *Santé mentale au Québec*, vol. 38, nº 2, 2013, p. 11.

« Comme nous sommes nombreux à utiliser la nourriture pour notre confort émotionnel, plus spécialement quand nous nous sentons anxieux ou déprimés, ce petit exercice, qui ralentit les choses et attire notre attention sur ce que nous faisons, illustre la puissance et le manque de contrôle de nos impulsions quand il s'agit de la nourriture[6]. »

En d'autres termes, cette forme de méditation, qui fait de nous de véritables dégustateurs, contribue à n'en pas douter à favoriser notre bien-être. Soyons zen si nous voulons être en santé. ♦

6. Dr Jon Kabat-Zinn, *op. cit.*, p. 91.

SUJETS DE CONVERSATION À TABLE

①

Il serait dommage de ne pas tenter l'expérience de Kabat-Zinn. Toutefois, afin de lui donner une saveur encore plus ludique, offrez un fruit ou un morceau de fruit différents à chacun de vos convives. Suivez les étapes mentionnées précédemment et demandez-leur de raconter ce qu'ils ressentent.

②

Demandez à vos convives quelle est, selon eux, la meilleure façon de manger. Debout, à table ou assis par terre ? En lisant, en écoutant de la musique, en parlant ou en silence ? Quels sont les avantages et les inconvénients ?

③

À l'image du zen, la pleine conscience se vit plus qu'elle ne se décrit. Proposez à vos invités de faire un jeu en silence : choisissez un volontaire et soumettez-le à un exercice auquel il ne peut répondre que par des expressions du visage. Présentez-lui une assiette du plat principal et dites-lui :

– Qu'observez-vous ? (Sur le plan émotif, cognitif, visuel, olfactif, etc.) ;

– Veuillez vous servir en exerçant la « pleine conscience » ;

– Goûtez au mets sans porter de jugement ;

– Comment vous sentez-vous ?

Fous rires assurés !

LECTURES SUGGÉRÉES

Bien sûr, le livre incontournable si l'on veut connaître le bien-être :

→ Dr Jon Kabat-Zinn, *Au cœur de la tourmente, la pleine conscience : le manuel complet de MBSR, ou réduction du stress basée sur la mindfulness*, traduit de l'anglais par Claude Maskens, Paris, J'ai lu, 2012.

Un roman qui a fait beaucoup pour populariser la pensée zen en Occident et qui est devenu un best-seller :

→ Robert M. Pirsig, *Traité du zen et de l'entretien des motocyclettes*, traduit de l'anglais par Maurice Pons, Andrée et Sophie Mayoux, Paris, Seuil, coll. « Points », 1998.

Un érudit japonais qui a aussi grandement contribué à faire connaître le zen en Occident :

→ Daisetz Teitaro Suzuki, *Les chemins du zen* (Paris, Albin Michel, 1985) et *Essais sur le bouddhisme zen — Séries I, II, III* (Paris, Albin Michel, 2003).

Des outils et des techniques pour vivre le zen :

→ Ezra Bayda, *Vivre le Zen : introduisez la méditation dans votre quotidien*, Paris, Marabout, 2014.

Pour comprendre le zen et sa pratique en termes simples :

→ Dōgen Kigen, *La Voie du zen : corps et esprit*, Paris, Gallimard, coll. « Folio Sagesses », 2016.

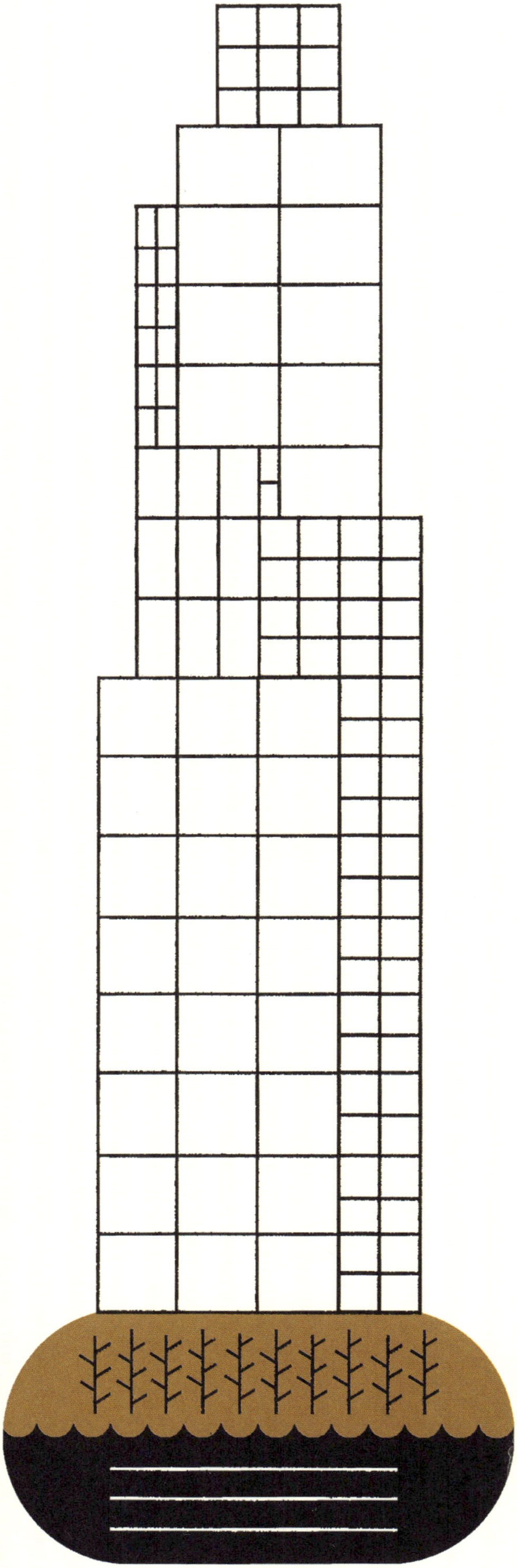

CRISPR
SOY

— Chapitre 7 —

DE QUOI L'ALIMENTATION SERA-T-ELLE FAITE ?

UNE RECETTE POUR DEMAIN

Aujourd'hui, compte tenu de l'accroissement de la population et des effets de la pollution, rien ne prouve que, dans un proche avenir, la Terre sera en mesure de nourrir tous ses habitants. Les plus optimistes parient sur l'intelligence humaine pour résoudre ce problème, alors que les plus inquiets prédisent, réchauffement climatique oblige, un avenir sombre pour ce qui est de la production alimentaire. Excès de confiance ou pessimisme, le contenu de notre assiette en dépend !

Pari gagné ou pari perdu ?

29 septembre 1980. Julian L. Simon et Paul R. Ehrlich conviennent d'un pari qui devient rapidement célèbre. Il repose sur une idée simple : plus une chose se raréfie, plus sa valeur augmente. Par exemple, concrètement, si la production de blé diminue, le coût du pain est en hausse.

Simon, alors professeur d'administration des affaires de tendance libertarienne, est connu pour ses positions « cornucopiennes[1] ». Digne d'Alfred Jarry, ce terme désigne, pour le dire rapidement, la conviction que l'avenir verra un progrès continu et une amélioration de toutes les variables relatives à la prospérité du genre humain. Cela sera notamment rendu possible par l'ingéniosité des individus, et ce, en dépit des limitations des ressources naturelles et physiques.

Quant à Ehrlich, il est biologiste, sociologue et démographe. Une douzaine d'années plus tôt, il a signé un ouvrage néomalthusianiste[2] qui a connu un immense retentissement : *The Population Bomb* (*La bombe « P »*[3]). Il y soutient que, en raison de l'accroissement de la population, nous approchons dangereusement d'un point de non-retour, celui de l'épuisement des ressources naturelles et, partant, de la capacité de la Terre à faire vivre et à nourrir convenablement les êtres humains.

Il prédisait qu'à terme (parfois dès les années 1970) surviendraient la famine et ses millions de morts, des épidémies et des conflits sociaux majeurs. Seule une action politique immédiate et rigoureuse serait en mesure, sinon d'empêcher ces effets de la surpopulation, au moins de les tempérer.

On devine que tout sépare ces deux hommes. D'un côté, le prophétisme catastrophiste et alarmiste d'Ehrlich et, de l'autre, l'optimisme de Simon. D'une certaine manière, ils incarnent deux sensibilités, deux philosophies de l'histoire et du sens de l'aventure humaine.

Par son optimisme, Simon s'inspire des Lumières et de Condorcet (1743-1794). Il croit en l'infinité combinée des ressources de la corne d'abondance de la nature et des trouvailles de l'ingéniosité humaine.

À l'opposé, Ehrlich, « rousseauiste-malthusien », se distingue par un pessimisme qui fait plutôt de lui un conservationniste. Il épouse parfaitement les thèses de Malthus pour qui l'humanité, de par son accroissement exponentiel, doit inévitablement se heurter à l'infranchissable mur de la rareté et de la pénurie, avec son lot de catastrophes. Malthus ne pouvait le prévoir, mais ce n'est pas trahir ses idées que d'y ajouter ces fléaux contemporains que sont la pollution et le réchauffement climatique anthropique.

C'est donc en 1980 que les deux hommes en viennent à parier. Ehrlich sélectionne cinq métaux : le cuivre, le chrome, le nickel, l'étain et le tungstène. Il gage que, en raison de leur raréfaction, leur prix en dollars constants augmentera au cours de la décennie à

« Ne videz pas les poubelles dans le frigidaire, il pourrait se mettre en colère

N'agacez pas, n'empoisonnez pas, n'emmerdez pas la mer, elle est capable de se venger

Et si vous continuez à tourner la terre en dérision, un beau jour elle vous éclatera de rire au nez. »

Jacques Prévert

1. Traduction la plus courante du terme anglais *cornucopian*, lui-même issu du latin *cornu copiae*, qui signifie « corne d'abondance ».
2. Le malthusianisme, doctrine élaborée par Thomas Malthus, préconise la limitation des naissances par l'abstinence sexuelle. Elle se justifie en réaction au principe selon lequel la population croît plus vite que les ressources indispensables à son alimentation.
3. Paul R. Ehrlich, *La bombe « P » : 7 milliards d'hommes en l'an 2000*, Paris, J'ai lu, 1973.

venir. Simon parie tout le contraire. L'enjeu étant fixé, rendez-vous est pris le 29 septembre 1990.

Ce jour-là, Simon l'emporte sur chacun des cinq métaux. Ehrlich n'a plus qu'à s'acquitter de la somme convenue entre les deux 10 ans auparavant. Comme quoi les prédictions sont risquées !

Mais ce qui vaut pour les métaux vaut aussi pour les ressources alimentaires. À ce sujet, les positions divergent considérablement, notamment en fonction des sensibilités et postures philosophiques balisées par le continuum cornucopien/conservationniste.

La vision de Condorcet

Pariant sur le progrès de l'intelligence humaine, Condorcet peut être considéré comme l'un des inspirateurs de la position cornucopienne. Inlassable promoteur de l'instruction publique, il développe dans *Esquisse d'un tableau historique des progrès de l'esprit humain* une vision qui conserve toute sa pertinence de nos jours.

Condorcet part du principe que l'homme, aux prises avec des faits nouveaux, apprend à les classer, énonce des formules plus simples, élabore des méthodes pour en faciliter la compréhension et fabrique des instruments de plus en plus perfectionnés pour mieux les observer. Bref, selon lui, l'être humain use de son intelligence pour rendre le savoir plus accessible tout en concevant des techniques toujours plus sophistiquées :

> **« Si les méthodes qui conduisaient à des combinaisons nouvelles sont épuisées ; si leurs applications aux questions non encore résolues exigent des travaux qui excèdent, ou le temps, ou les forces des savants, bientôt des méthodes plus générales, des moyens plus simples viennent ouvrir un nouveau champ au génie. La vigueur, l'étendue réelle des têtes humaines sera restée la même ; mais les instruments qu'elles peuvent employer se seront multipliés et perfectionnés ; mais la langue qui fixe et détermine les idées aura pu acquérir plus de précision, plus de généralité ; mais au lieu que, dans la mécanique, on ne peut augmenter la force qu'en diminuant la vitesse, ces méthodes, qui dirigeront le génie dans la découverte des vérités nouvelles, ont également ajouté, et à sa force, et à la rapidité de ses opérations[4]. »**

4. Marie Jean Antoine Nicolas de Caritat, marquis de Condorcet, *Esquisse d'un tableau historique des progrès de l'esprit humain*, « Dixième époque : Des progrès futurs de l'esprit humain », Paris, Agasse, 1794. [classiques.uqac.ca/classiques/condorcet/esquisse_tableau_progres_hum/esquisse.html]

Le dîner des philosophes à Ferney, vers 1772. Le peintre Jean Huber a imaginé une scène fictive, réunissant autour de la même table Voltaire, la main levée pour imposer le silence, Diderot à sa gauche, puis le père Adam, Condorcet, d'Alembert, l'abbé Maury et La Harpe. (Voltaire Foundation, Oxford)

Omelette à 12 œufs… de caille

Pour une omelette, on prévoit généralement deux œufs par personne en diluant la préparation avec du lait pour ajouter du volume et du moelleux. Avant son match hebdomadaire, un joueur de football ingurgite pour sa part quatre œufs et un bon bol de pâtes. Toutefois, même avec ces proportions, on est loin de la gargantuesque omelette qui causa la perte de Condorcet. Ce dernier était donc bien moins coupable d'une gourmandise d'aristocrate que de l'ignorance culinaire d'un homme qui n'avait jamais eu à se faire cuire un œuf !

Pour faire une omelette individuelle avec 12 œufs, il faudrait utiliser des œufs de caille :

Pour un solide appétit

12 œufs de caille

Herbes fraîches ciselées au choix

2 c. à soupe de beurre

Sel et poivre du moulin

–

Casser les œufs dans un bol, ajouter les herbes, assaisonner et mélanger grossièrement à la fourchette. Faire fondre une cuillérée de beurre, puis verser le mélange à base d'œufs dans la poêle chaude. Ramener délicatement les parties qui commencent à coaguler vers le centre. Mélanger doucement jusqu'à la consistance souhaitée : baveuse, moelleuse ou bien cuite. Pencher la poêle et décoller l'omelette avec une spatule pour la glisser dans une assiette en la faisant rouler sur elle-même. Jeter une autre cuillère à soupe de beurre dans la poêle chaude et napper immédiatement l'omelette de beurre fondu.

Il est incroyable de constater à quel point la vision de Condorcet, énoncée au XVIIIe siècle, trouve encore plus de sens à notre époque où les capacités techniques de l'ordinateur dépassent celles du cerveau humain, qui en est lui-même le concepteur !

La vision de Condorcet permet d'être optimiste quant à l'avenir alimentaire de notre planète, du moins selon les cornucopiens. Cela dit, ces derniers ne nient pas l'immensité du défi de nourrir l'humanité ni le fait que la forte croissance de la population mondiale le rend plus immense encore.

Condorcet.

Rappelons que la Terre est habitée par environ un milliard d'êtres humains à la mort de Condorcet, vers 1800. Ce nombre double 127 ans plus tard, en 1927. En 1960, 33 ans après, un nouveau milliard s'ajoute. Un quatrième milliard, 14 ans après ; un cinquième, 13 ans plus tard, en 1987 ; puis 2 autres milliards aux 12 ans (en 1999 et en 2011).

En 2017, nous sommes plus de 7 milliards d'habitants et le Fonds des Nations unies pour la population estime que la Terre sera peuplée de 10 milliards de personnes en 2083, 10 fois plus qu'en 1800 !

L'omelette de Condorcet

À la fois savant et humaniste, Condorcet connaît une carrière fulgurante. Il milite pour le changement social et, lorsque la Révolution française éclate, il y prend une part active en s'y faisant notamment l'infatigable promoteur de la cause des femmes, de l'instruction publique et de la laïcité.

Fidèle à ses convictions, alors député à la Convention (l'assemblée qui gouverne la France), il vote contre l'exécution de Louis XVI et rédige un texte appelant le peuple à se révolter contre cette assemblée. Cela lui vaut, entre autres, d'être condamné pour trahison. Il réussit à s'enfuir et à se cacher pendant plusieurs mois chez une bienfaitrice. C'est là qu'il rédige son *Esquisse d'un tableau historique des progrès de l'esprit humain*, presque sans documentation, mais avec un grand sentiment d'urgence. Ce livre est comme un testament à double titre : il peut être lu à la fois comme l'héritage personnel de Condorcet, un texte dans lequel il résume ses connaissances et ses espérances, mais aussi comme la synthèse des idées et des idéaux de tout le Siècle des lumières : raison, connaissance, tolérance, humanité, éducation, émancipation et progrès.

Son ouvrage achevé, et craignant une perquisition, Condorcet quitte sa retraite. Il s'éloigne de Paris et fait bientôt halte dans une auberge. Là, l'heure est aux suspicions et aux dénonciations. En ce lieu, cet homme si singulier étonne les personnes présentes.

Il commande une omelette.

— Avec combien d'œufs ? demande rituellement le patron.

Le philosophe a bien des qualités, mais il ignore l'art de cuisiner.

— Douze, répond-il au hasard.

Pour les gens alentour, cela confirme les derniers doutes à son sujet. On appelle les soldats. Il est arrêté et conduit à la prison de Bourg-Égalité. Deux jours plus tard, Condorcet est retrouvé mort dans sa cellule. Suicide, meurtre ou accident vasculaire cérébral, la cause de son décès ne sera jamais élucidée.

Jonathan Swift.

La consécration de Condorcet

En préconisant le contrôle de l'accroissement exponentiel de la population par l'éducation et la contraception, Condorcet met en place les premières structures qui permettent d'envisager le développement harmonieux de l'humanité. Mais c'est en annonçant les progrès scientifiques de l'homme qu'il anticipe les moyens techniques les plus insoupçonnés pour y parvenir. Les bouleversements de la production alimentaire en sont la preuve.

Il est probable que, comme bien d'autres, vous ne connaissiez pas Norman Borlaug. C'est pourtant un homme dont on peut soutenir qu'il a sauvé plus de vies que quiconque durant toute l'histoire de l'humanité : un milliard de vies, selon certains.

Borlaug est le père de ce qu'on appelle en agriculture la « Révolution verte », une expression qui désigne cette spectaculaire amélioration des productions de céréales dans les années 1960 et 1970 par la création de variétés beaucoup plus performantes. Il en résultera une extraordinaire croissance de la productivité ainsi qu'un recul phénoménal des famines et des morts qu'elles causent, particulièrement en Inde et au Pakistan.

En s'engageant dans la recherche de cette façon pour permettre à l'humanité tout entière de se nourrir, Borlaug valide les propos de Condorcet tout en incarnant ce que Jonathan Swift (1667–1745) écrivait :

> **« [...] quiconque pouvait faire pousser deux épis de blé ou deux brins d'herbe là où il n'en poussait qu'un auparavant méritait mieux de l'humanité et rendait un service plus essentiel au pays que toute la race des politiciens réunie[5]. »**

Le 10 décembre 1970, Norman Borlaug reçoit le prix Nobel de la paix.

Les cornucopiens peuvent, semble-t-il, raisonnablement espérer que les avancées scientifiques et technologiques apportent de nouvelles solutions au défi de nourrir la planète, même s'il est difficile de prédire avec précision sous quelle forme. Toutefois, les nanotechnologies et le génie génétique permettent de penser que

5. Jonathan Swift, *Les voyages de Gulliver*, traduit de l'anglais par Guillaume Villeneuve, Paris, Flammarion, coll. « GF », 2014, p. 200.

Les semences sélectionnées par Norman Borlaug ont joué un rôle capital dans la Révolution verte mise en œuvre en Inde dans les années 1960. Selon les calculs de l'agronome, elles ont permis à l'Inde et au Pakistan de doubler leur production de blé entre 1965 et 1970. Photographie de Gary Chapman.

Le Soylent : manger en buvant

Une rumeur fausse, mais persistante, voudrait que le mot « Soylent » ait été choisi en référence à ce que mangeaient les personnages dans *Soylent Green*, un film de science-fiction de 1973. Dans la dystopie qu'il décrit, nos descendants, qui vivent sur une planète devenue à peu près infertile, se nourrissent de ce Soleil vert, un aliment vendu par la multinationale Soylent et fabriqué à partir… d'êtres humains qui servent de bétail.

Le Soylent, actuellement disponible sur le marché, tire plutôt son nom du roman de science-fiction *Make Room! Make Room!* (1966) d'Harry Harrison, une sorte de mot-valise qui combine soya et lentilles.

Lancé en 2013 par Rob Rhinehart, le Soylent se présente sous la forme d'un liquide ou d'une poudre à dissoudre dans l'eau. À raison de quatre verres par jour, il promet de fournir tous les éléments nutritifs dont un adulte moyen a besoin quotidiennement (sans aucun excès) et garantit un régime équilibré.

Le produit est désormais en vente au Canada. Il coûte environ 12 $ par jour pour combler tous les besoins nutritionnels d'un individu… à défaut de satisfaire son palais. À ce sujet, les avis diffèrent énormément : certains le trouvent exquis, d'autres, exécrable.

Après avoir été lancé par un financement participatif, Soylent est devenu une immense entreprise.

l'humanité va poursuivre sa route sur la voie du progrès et de la sécurité alimentaire.

Quant à ceux qui craignent les organismes génétiquement modifiés (OGM), ils peuvent se reporter au rapport publié par l'Organisation mondiale de la santé (OMS), en 2005, selon lequel « ils [les OGM] ne semblent pas présenter pour la santé humaine de risques autres que ceux normalement imputables à leurs homologues traditionnels[6] ».

En réalité, non seulement la technologie nous promet — et nous propose déjà — des aliments génétiquement modifiés, mais un outil de génie génétique récent et révolutionnaire appelé CRISPR-Cas9 va très certainement accentuer encore ce mouvement et le porter dans des directions imprévues.

Le CRISPR-Cas9 permet de modifier facilement, rapidement et à moindre coût le génome des cellules animales et végétales. Il peut agir ainsi comme un correcteur, à l'image d'un traitement de texte qui repère exactement le passage à changer, l'extrait et le remplace par celui qui convient, sans erreur ni bavure.

Il ouvre la voie à de fabuleuses innovations qui promettent une nouvelle « Révolution verte » plus spectaculaire et aux effets encore plus grands que la précédente.

Norman Borlaug, le père de la « Révolution verte » (CIMMYT).

Un hamburger in vitro bien cuit, svp

Faire « pousser » de la viande, un peu comme on fait pousser une plante, peut sembler absurde, mais, en fait, cette possibilité est bien réelle et connue de longue date. Depuis plusieurs années déjà, bien des groupes et chercheurs dans de nombreux pays travaillent de près ou de loin à ce projet.

Mieux : le 5 août 2013, à Londres, lors d'une conférence de presse très médiatisée, on a cuisiné et mangé le premier burger de viande fabriqué en laboratoire. Deux critiques gastronomiques ont eu l'honneur — si c'en est un ! — de goûter les premiers ce hamburger créé in vitro à partir de cellules souches de vache... et l'ont vanté.

La production in vitro de viande artificielle, comme celle dont on fait les burgers, pose de nombreux défis technologiques, mais ils sont moins grands que ceux liés à la production de viande non transformée, tel le steak. Un jour prochain, on espère néanmoins être en mesure d'en offrir à des prix avantageux (ce premier burger de 142 g a coûté la bagatelle de 340 000 dollars). Selon les promoteurs, les bénéfices potentiels de cet exploit seraient considérables, notamment sur les plan écologique, économique et éthique.

6. Organisation mondiale de la santé, *Biotechnologie alimentaire moderne, santé et développement : étude à partir d'exemples concrets*, Genève, Organisation mondiale de la santé, 2005. [www.who.int/foodsafety/publications/biotech/biotech_fr.pdf]

Demain, qui mangera qui ?

Les plus optimistes invoquent notre prochaine entrée dans l'ère posthumaniste, qui s'amorce par la singularité technologique[7] et qui ouvre une période où tout, littéralement, devient possible. La singularité désigne ce moment hypothétique où l'intelligence artificielle (IA), ayant atteint celle du cerveau humain, la surpassera. Pressentie par John von Neumann dès les années 1950, elle est présentée en 1965 par le statisticien britannique Irving John Good dans un article intitulé « Speculations Concerning the First Ultraintelligent Machine » :

> **« Posons la définition suivante d'une machine superintelligente : il s'agirait d'une machine qui, sur toutes les activités intellectuelles, surpasse l'être humain le plus intelligent. Puisque la conception de machines est l'une de ces activités, une machine superintelligente pourra en concevoir de meilleures. Il s'ensuivrait inévitablement une "explosion de l'intelligence" et celle des êtres humains serait rapidement dépassée. La première machine superintelligente est donc l'*ultime* invention que les êtres humains auront à faire[8]. »**

Cette hypothèse est désormais prise au sérieux en philosophie, en biologie et en informatique, mais aussi chez Google, Apple et jusque dans cette nouvelle Singularity University, située, bien entendu, dans la Silicon Valley.

Le grand champion de la singularité est l'inventeur Ray Kurzweil, auquel on doit, entre autres, la Kurzweil Reading Machine, un dispositif permettant aux aveugles de lire, et dont le premier exemplaire a appartenu à Stevie Wonder. Selon lui, la singularité surviendra vers 2045. Il arrive à cette date en se fondant notamment sur la fameuse loi de Moore jusqu'ici vérifiée, et souvent interprétée comme prédisant le doublement de la puissance des ordinateurs aux 18 mois. Kurzweil y croit à ce point qu'il prend quelque 250 comprimés par jour (surtout des vitamines) afin d'augmenter ses chances d'être encore en vie à cette date. Il est né en 1948 !

Il va de soi que le problème de l'alimentation serait alors résolu, même si nul ne peut dire comment.

Inquiétude ou sagesse conservationniste

Loin de faire l'unanimité, les arguments cornucopiens stimulent les contre-arguments conservationnistes qui peuvent se décliner en trois moments.

Pour commencer, le conservationnisme fait valoir que la posture cornucopienne néglige de prendre au sérieux le caractère

7. On entend par « singularité technologique » le moment où l'on ne peut plus décrire une chose parce que les variables qui la caractérisent deviennent infinies. En fait, c'est à la fois l'opposé et la même chose que la singularité proprement dite, qui signifie tout à la fois « particulier, spécifique » et « hors norme ».
8. « Speculations Concerning the First Ultraintelligent Machine », dans Irving John Good, *Advances in Computers*, sous la direction de Franz L. Alt et Morris Rubinoff, New York, Academy Press, 1965, p. 33.

Des faits et données plutôt probants

Dans son blog LeSceptique.ca, Dany Plouffe a consacré un long article aux impacts environnementaux de nos choix alimentaires. Voici la synthèse des « informations à retenir » qu'il propose à la fin de son texte.

- Lorsqu'un animal mange des végétaux, une grande partie des nutriments ingérés est perdue et absente des aliments produits à partir de cet animal.

- La quantité d'éléments nutritifs disparus varie en fonction des produits animaux générés. Pour les protéines, en ordre croissant de perte (de la plus petite à la plus grande), on trouve : le lait (60 %), les œufs (70 %), le poulet (75 %), le porc (87 %) et le bœuf (95 %).

- Pour cette raison, la production d'aliments d'origine animale est ce qui occupe le plus d'espace en agriculture : 75 % des terres agricoles servent à produire de la viande, alors que celle-ci fournit 8 % des calories et 17,7 % des protéines dans le monde. Une des conséquences de cette réalité est que la production d'aliments d'origine animale, la viande en particulier, est la principale cause de perte de biodiversité dans le monde.

- Utiliser les récoltes obtenues sur des terres fertiles pour nourrir les animaux est ainsi une manière inefficace de produire des nutriments. Cela entraîne incidemment une multiplication des impacts environnementaux pour ce qui est de la culture des végétaux (plus de pesticides, plus de fertilisants, plus de risques de dégradation des sols, plus de coupes forestières, plus d'émissions de gaz à effet de serre, etc.).

- Exploiter les terres fertiles pour faire des pâturages exige encore plus d'espace et risque de mettre la pression sur le système agricole et les écosystèmes.

- Il est possible de produire des aliments d'origine animale de façon efficace si on nourrit les animaux à partir de résidus alimentaires ou si on utilise de façon peu intensive des terres non cultivables comme pâturages. Cette production serait cependant beaucoup moins importante que celle qui existe actuellement.

- De façon générale, choisir des végétaux plutôt que des produits animaux, ou du moins diminuer la consommation de viande (en particulier la viande rouge), réduit significativement les impacts environnementaux.

Source : Dany Plouffe, « Viandes et végétaux : comprendre les impacts environnementaux de nos choix alimentaires », LeSceptique.ca, 1er décembre 2015. [lesceptique.ca/2015/12/01/viande-et-vegetaux/#informations_a_retenir] systémique de la question de la production de nourriture. En effet, cette dernière interagit avec un grand nombre d'autres variables et facteurs, ce qui entraîne parfois des effets insoupçonnés. Certes, pour toutes sortes de raisons (l'amélioration des semences et des technologies, l'utilisation d'engrais, de pesticides et d'herbicides, etc.), le rendement des terres agricoles a augmenté et permet de produire davantage sur de plus petits espaces. Mais cet accroissement a un coût écologique : le changement de la composition des sols, la création d'émissions de gaz à effet de serre et l'utilisation d'eau et de pétrole à une époque où le régime alimentaire nord-américain fait de plus en plus d'émules. Dès lors, la production de viande, si caractéristique de cette alimentation, nécessite des quantités de plus en plus importantes de haricots de soya et provoque une inflation des coûts en terres, en eau et en pétrole. À défaut de changer nos habitudes alimentaires, nous atteindrons bientôt ces fameuses limites à la croissance que signale déjà le réchauffement climatique.

De plus, les conservationnistes arguent que les inégalités économiques, politiques et sociales sont un facteur aggravant de cette situation en générant des conflits majeurs et des guerres pour le contrôle des ressources. Ces mêmes inégalités sont un point aveugle de la pensée de leur adversaire (entendez les cornucopiens) pour qui le résultat, auquel parvient le libre marché en laissant chacun poursuivre son propre intérêt, est d'emblée tenu pour optimal.

Il n'est pas anodin de souligner que c'est à partir d'exemples pris au monde de l'alimentation qu'Adam Smith, le père du libéralisme économique, a exposé les bienfaits du libre marché : « Ce n'est pas de la bienveillance du boucher, du marchand de bière et du boulanger que nous attendons notre dîner, mais bien du soin qu'ils apportent à leurs intérêts. Nous ne nous adressons pas à leur humanité, mais à leur égoïsme[9]. » Mais si les cornucopiens trouvent là de quoi se réjouir, les conservationnistes ont vite fait de leur rappeler que l'époque de Smith est révolue et que rien ne permet de penser que ce qui valait pour le boulanger vaut pour Nestlé et autres multinationales dotées du statut de personnes morales immortelles.

Enfin, les conservationnistes font valoir les arguments bien connus relatifs aux défaillances et autres imperfections des marchés. Le principal concerne les externalités négatives, c'est-à-dire les effets défavorables sur autrui d'un contrat entre deux parties. La pollution en est un exemple. On peut décrire le réchauffement climatique anthropique comme la plus grave des externalités négatives.

Que la molécule soit. Et la cuisine moléculaire fut.

Chimiste et chef cuisinier, Hervé This est généralement donné avec Nicholas Kurti comme l'inventeur, en 1988, de ce qu'il est désormais

9. Adam Smith, *Recherches sur la nature et les causes de la richesse des nations*, Londres, W. Strahan et T. Cadell, 1776. [classiques.uqac.ca/classiques/Smith_adam/richesse_des_nations/livre_1/richesse_des_nations_1.pdf]

Caviar de carottes, ce que propose la gastronomie moléculaire.

Des produits frais aux conserves, l'industrie a-t-elle la réponse au défi alimentaire auquel l'humanité est confrontée ? Illustration parue dans le magazine new-yorkais *Puck* (juillet 1906). (Library of Congress)

convenu d'appeler la « cuisine moléculaire » (ils la baptisent eux-mêmes « gastronomie moléculaire et physique »). À la frontière de la chimie et de la cuisine, ils étudient les mécanismes de transformations culinaires afin d'en tirer parti en gastronomie.

Dans un article publié en 1994, ils envisagent pour la première fois ce que This nomme la « cuisine note à note ». Selon lui, elle est l'avenir de la nourriture et peut résoudre la faim dans le monde.

Après avoir expliqué la présence de composés chimiques dans un plat ou un autre et le rôle qu'ils y jouent, les auteurs affirment qu'ils seraient enchantés qu'on puisse un jour lire dans une recette : « Ajoutez à votre bouillon deux gouttes de solution de benzylmercaptan à 0,001 % dans de l'alcool pur[10]. »

Au fond, la « cuisine note à note » peut être définie comme la cuisine qui utilise des composés chimiques plutôt que des tissus animaux ou végétaux pour créer des plats ayant la même consistance, saveur, odeur et couleur, et qui provoquent chez qui les mange les mêmes sensations. On met ainsi de côté la production d'aliments au sens usuel du terme pour se consacrer à l'agencement de leurs composants. This prédit des économies de matières premières (notamment l'eau) et de transport qui l'amènent à penser que cette cuisine résoudra les problèmes alimentaires mondiaux.

Paul Ehrlich.

Pari perdu ou pari gagné ?

S'il est vrai que bien des sombres prédictions d'Ehrlich ne se sont pas réalisées, il convient néanmoins de relativiser sa défaite.

En effet, on a calculé que, si le pari avait été fait pour chacune des décennies du XXe siècle, alors c'est Ehrlich qui l'aurait emporté le plus souvent. Et, si la période couverte par la gageure de 1980 avait été de 30 ans plutôt que de 10, il aurait encore gagné.

Moralité : quel sera l'avenir de la nourriture et où serons-nous dans 50 ans ? Les paris sont ouverts. ♦

10. Hervé This et Nicholas Kurti, « Chemistry and Physics in the Kitchen », *Scientific American*, vol. 270, n° 4, avril 1994, p. 71.

SUJETS DE CONVERSATION À TABLE

①

Sachant que la faim dans le monde est encore et toujours une réalité et que les organismes génétiquement modifiés permettent de s'y attaquer ; sachant qu'ils sont la propriété exclusive de multinationales qui n'ont pour objectifs que le profit et la défense de leurs intérêts. Êtes-vous oui ou non partisan des OGM ?

Petit débat houleux autour de la table en perspective !

②

Invitez vos convives à décrire leurs habitudes alimentaires. (Surtout ne pas tricher !) Combien de fois par semaine mangez-vous de la viande rouge ? Du poisson ? Seriez-vous prêt à renoncer à la viande rouge ? Sauriez-vous par quoi la remplacer ?

③

Pour ou contre l'entomophagie ? (L'entomophagie est un régime à base d'insectes.) Faites le jeu avec vos invités. Les arguments « pour » se trouvent sur le site :

[www.mangeons-des-insectes.com/pourquoi-manger-des-insectes]

· Aliments riches en protéines ;
· Élevage avec faible impact environnemental ;
· Taux de conversion inégalé (10 kg de nourriture donne 9 kg d'insectes contre seulement 1 kg de bœuf).

Les arguments « contre » :

[www.lemonde.fr/planete/article/2015/04/09/que-risque-t-on-a-manger-des-insectes_4613087_3244.html]

· Risques chimiques (venins, pesticides, parasites, virus, bactéries) ;
· Allergies (myosine ou chitine comme chez les acariens, mollusques, etc.) ;
· Conditions d'élevage (encore floues).

④

Petit jeu des meilleurs régimes alimentaires. Selon vous, où mange-t-on le mieux dans le monde ? Le plus mal ?

Voyez les résultats de cette étude financée par la Fondation Bill-et-Melinda-Gates : « Dietary quality among men and women in 187 countries in 1990 and 2010 : a systematic assessment », *The Lancet*, vol. 3, n° 3, mars 2015.

[www.thelancet.com/pdfs/journals/langlo/PIIS2214-109X(14)70381-X.pdf]

LECTURES SUGGÉRÉES

→ Arthur Le Caisne, *La cuisine, c'est aussi de la chimie : 70 recettes décryptées et tous les secrets pour les réussir à coup sûr*, Paris, Hachette Pratique, 2013.

→ Anne Cazor et Christine Liénard, *Petit précis de cuisine moléculaire : 20 techniques pour comprendre, 40 recettes pour tester*, Paris, Marabout, 2008.

→ Hervé This, *Cours de gastronomie moléculaire n° 1 : science, technologie, technique… culinaires : quelles relations ?*, Paris, Belin, 2009.

→ Hervé This, *Cours de gastronomie moléculaire n° 2 : les précisions culinaires*, Paris, Belin, 2010.

→ Paul Sabin, *The Bet : Paul Ehrlich, Julian Simon, and Our Gamble over Earth's Future*, New Haven (CT), Yale University Press, 2013.

— Chapitre 8 —

LA CUISINE EST-ELLE UN ART ?

DES GOÛTS, ON PEUT AU MOINS DISCUTER

« Vérité en deçà des Pyrénées, erreur au-delà », écrit Blaise Pascal (1623-1662) dans son essai posthume intitulé *Pensées*. Il joue ainsi la carte du relativisme et nous met en garde contre les supposées certitudes et la prétendue universalité de nos affirmations. Ce qui vaut ici ne vaut pas nécessairement là, et cette relativité nous apparaît encore communément aujourd'hui dans les jugements de goût — c'est cela qu'on appelle le « relativisme esthétique ».

Bien des philosophes ont toutefois tenté de démontrer que ce relativisme n'est qu'apparent, en soutenant, par exemple, que des jugements esthétiques dans un art ou un autre, s'ils ont été éduqués, convergeront fortement.

Or, nous parlons souvent de la cuisine comme d'un art (culinaire). Qu'en est-il ? La cuisine est-elle vraiment un art ? Ces jugements de goût sont-ils éducables ? Vivons-nous (parfois...) une expérience esthétique en mangeant ?

Une question qui en cache deux!

À la question posée par ce chapitre, certains répondront par l'affirmative avec assurance. Pour cela, ils invoqueront peut-être le fait que les grands chefs sont souvent présentés tels des artistes — leurs créations sont d'ailleurs données pour des œuvres d'art — et que l'on utilise souvent des mots du vocabulaire propre à l'art et à l'esthétique pour en discuter.

> «Toute œuvre d'art reste un mystère, y compris pour son auteur.»
>
> Iouri Mamleïev

Un plat sera beau ou équilibré, on parlera d'un autre comme d'un poème ou en évoquant une symphonie de couleurs ou de saveurs. On vantera l'harmonie des vins et des plats d'un repas et on rappellera que l'on dit bien commencer à manger avec les yeux, donc en contemplant l'assiette. Et comment ne pas noter qu'on parle en effet couramment de « l'art culinaire » ?

Mais une telle réponse, sans plus de justification, ne peut nous satisfaire.

Pour commencer, elle présuppose ce que l'on veut établir en concluant l'existence de l'art de la présence du langage artistique : cet usage pourrait fort bien n'être que trompeuse métaphore. De plus, encore faudrait-il, avant de pouvoir décider de la question, convenir de ce qu'est l'art. Enfin, par cette réponse facile et rapide, on occulte le fait que ce sont bien deux questions distinctes que notre interrogation soulève.

La première demande si les créations culinaires sont des œuvres d'art — dans l'un des sens donnés à ce mot —, ce qui présuppose qu'on le définisse.

La seconde consiste à se demander si l'expérience de la personne qui consomme un plat peut, en partie ou entièrement, et dans certaines circonstances du moins, être décrite comme une expérience esthétique.

Je prendrai ces questions tour à tour.

Première question : existe-il un art culinaire?

On ne s'en étonnera pas : Platon a réfléchi à cette question et il l'a fait, comme il se doit, à partir d'une conception de ce qu'est l'art.

Sa réponse est non, la cuisine n'est pas un art, elle est même encore moins que cela. Et, comme ce dernier est jugé très négativement par Platon, on devine la sévérité du jugement du philosophe sur la cuisine!

Voyons comment il arrive à cette conclusion.

Vous vous souvenez certainement de ce texte — un des plus fameux de toute l'histoire de la philosophie et même des idées — nommé le mythe de la caverne.

Vertumnus, tableau de Giuseppe Arcimboldo, 1590.

Platon nous demande d'imaginer des êtres humains enchaînés au fond d'une sombre grotte. Ceux-ci prennent pour le réel des ombres projetées sur la paroi, alors qu'elles ne sont que les reflets des objets promenés par des porteurs de l'autre côté d'un mur, derrière lequel se trouve aussi un feu qui les provoque.

Platon nous identifie à ces prisonniers : nous sommes ces êtres enfermés dans les ténèbres de l'opinion et de l'ignorance.

Platon.

L'un d'entre nous sera pourtant arraché à ses chaînes et forcé d'aller hors de la caverne. Cette sortie s'appelle l'éducation. Elle est un douloureux arrachement à l'opinion commune, aux habitudes sclérosantes, un exigeant exercice demandant de rompre avec le conformisme facile des conventions sociales.

La personne qui entreprend ce difficile parcours constate d'abord ses erreurs et celles de ses compagnons : ces ombres qu'ils prenaient pour le réel ne le sont pas et le mur, les porteurs et le feu les expliquent. Mais ceux-ci ne sont pas encore la réalité. Pour accéder à elle, notre évadé doit marcher au grand jour, dans le soleil éblouissant.

Là, son regard s'habitue peu à peu à la véritable lumière et, après avoir pu observer les ombres des objets ou leurs reflets dans l'eau, il voit les objets eux-mêmes : les arbres, les oiseaux, en un mot tout ce qui existe réellement, avant de pouvoir contempler le Soleil, qui est la condition de l'existence du réel et ce qui permet de le connaître. Ce Soleil, Platon le décrit comme le Bien et propose ainsi l'idée que l'éducation, qui est un double mouvement d'arrachement à l'ignorance et d'accès au savoir, est aussi moralisation.

C'est une histoire aux infinies ramifications qui, en plus de nous dire ce que serait l'éducation, permet de comprendre la théorie de la connaissance que le philosophe défend, appelée l'« Idéalisme ».

La caverne représente le monde sensible auquel nos sens nous donnent accès : il est changeant et instable, comme les ombres sur la paroi, et on ne peut le connaître réellement. On n'a à son propos que des opinions variables et sans grande valeur ; le monde extérieur, lui, est celui des Idées, permanentes et immuables, Idées dont les ombres de la grotte ne sont que de pâles et imparfaites copies. Ces Idées sont l'objet de la véritable connaissance.

On peut comprendre ce qu'avance Platon en prenant l'exemple de la discipline qu'il affectionne particulièrement et qui lui sert de modèle pour élaborer son Idéalisme : les mathématiques. (À la porte de l'école que fondera Platon, l'Académie, on pouvait lire cette devise sur le fronton de l'édifice : *Que nul n'entre ici s'il n'est géomètre.*)

Supposons que l'on veuille apprendre à calculer la surface d'un cercle. Pour nous aider, on pourra en dessiner un, en montrer le rayon, le diamètre et le périmètre. Mais ce cercle, imprécis même si on y a mis tous nos soins, n'est qu'une représentation imparfaite de cette Idée pure de cercle, laquelle existe bel et bien et est ce sur quoi portent nos raisonnements quand nous l'étudions.

Voici un autre exemple permettant de comprendre ce que dit Platon. Le rapport du diamètre au périmètre du cercle, pi, est un nombre irrationnel, dont les décimales sont infinies (ce qui, déjà, est une Idée et non un objet concret…). Supposons que l'on connaisse jusqu'à la ixième décimale de pi. Demain, on découvre la suivante : c'est trois. Ce trois n'a pas été inventé, dirait Platon : en quelque sorte, il nous attendait depuis toujours dans le ciel des Idées. Et, d'ailleurs, on dit bien qu'on le découvre !

Comment Platon va-t-il penser l'art à partir de ces prémisses au sujet de la connaissance, de ses conditions et de ses objets ?

L'art comme mimesis

Platon définit l'art comme une mimesis, c'est-à-dire une représentation imitative. Il veut attirer l'attention par là sur deux de ses aspects.

Le premier est que l'art est une imitation. On dira ainsi volontiers qu'une pièce de théâtre, un film ou une peinture reproduisent certains moments de la vie humaine, que la poésie nomme et donne à voir les sentiments et, en ce sens, que l'art les représente et les imite.

Le second est que cette représentation s'avère trompeuse. Ce n'est pas le réel des Idées, mais pas même non plus celui du monde sensible : l'art est une simple copie de copie, un simulacre. Il ne repose pas sur un véritable savoir et n'en procure aucun. D'où, à première vue, cette bien étonnante condamnation de l'art par l'un des plus grands philosophes, qui était aussi un écrivain formidable capable, on l'a vu avec le mythe de la caverne, de raconter de puissantes histoires, en un sens des œuvres d'art littéraire, pour exposer ses idées. Mais Platon insiste et voudra qu'on censure l'art et les poètes, dont les séduisantes mais trompeuses créations éloignent du vrai.

La position peut étonner, mais il est possible d'en prendre une certaine mesure en notant que les parents qui contrôlent l'accès de leurs enfants à certains contenus (les jeux vidéo, par exemple) pensent un peu comme Platon, et pour les mêmes raisons. Ce sont ces raisons qui justifient d'imposer des limites d'âge lors de certains spectacles ou qui font qu'on déplore que certains acquièrent leur vision du monde à travers une création artistique — je vous laisse le soin d'imaginer laquelle.

La critique platonicienne de l'art… culinaire

Platon est loin de considérer le fait de se nourrir comme une activité sans importance, bien au contraire. Son œuvre abonde en métaphores culinaires et en références sur l'alimentation et la préparation des aliments.

Dans *La République*, par exemple, le dialogue dont est tiré le mythe de la caverne, il s'intéresse longuement à la manière dont se nourrit une collectivité, et met en garde contre le désir de viande qui demande des pâturages pour être satisfait à grande échelle et qui peut alors conduire à des guerres pour leur appropriation. Il s'attarde aussi au régime alimentaire des gardiens et des philosophes, comme il s'est attardé à leur éducation, au soin de leur corps et à celui de leur âme.

Mais la cuisine elle-même est critiquée parce que c'est une activité qui ne repose pas sur un savoir qui lui permettrait d'être bénéfique pour l'organisme. La médecine, elle, l'est. Le praticien a une certaine connaissance du fonctionnement du corps et pourra utiliser sa science pour préserver ou rétablir la santé de son patient. Le remède pourra ne pas être agréable, mais il est administré, car ce que sait le médecin lui permet de penser qu'il produira les effets curatifs qu'il en attend.

Le cuisinier n'a pas un tel savoir et se contente de chercher à séduire, sans se préoccuper des effets de ce qu'il propose. En ce sens, pour le corps, le cuisinier est au médecin ce que le sophiste et le rhéteur sont au philosophe ou au véritable savant pour l'esprit ou l'âme. Platon écrit dans le *Gorgias* : « Ainsi donc, je le répète, la flatterie culinaire s'est recelée sous la médecine[1]. »

Le médecin vous propose un traitement et éventuellement aussi un régime qui pourront être difficiles à suivre et… durs à avaler, mais ils vous guériront peut-être. Le cuisinier, lui, vous fait oublier un moment votre condition en vous préparant le gâteau dont vous raffolez, mais qui est aussi mauvais pour vous. La cuisine, pense Platon, n'est qu'une sorte de tour de main qui ne mérite pas même le nom d'art — elle n'imite rien — qu'on pourra accorder à la médecine si on veut en faire plus qu'une simple technique et en reconnaissant qu'elle imite ce que la nature accomplit quand elle assure la santé.

Si on songe à tout ce qui, aujourd'hui encore, circule comme mensonges à propos de la nourriture et des régimes, il est difficile de ne pas admettre que Platon vise juste.

Mais, dans le même souffle, on voudra aussi affirmer que deux aspects de la réflexion de Platon, aussi austère que sévère, nous éloignent de ce qu'on entend spontanément par « art » et « art culinaire ».

Nous reconnaissons aujourd'hui comme de l'art des productions qui ne sont ni figuratives ni n'imitent vraiment quoi que ce soit. Qu'il s'agisse d'art abstrait, de musique (à tout le moins certaines œuvres musicales) ou d'architecture, nous ne demandons pas à une œuvre d'art de copier le réel, sans quoi une photographie serait son expression la plus sublime.

Il se pourrait qu'une définition moins restrictive de l'art puisse permettre d'envisager d'y inclure la cuisine.

D'autant que, et c'est le second aspect de la réflexion de Platon qui pose problème, son insistance à évaluer l'art selon un barème

1. Platon, *Gorgias*, traduction, notices et notes d'Émile Chambry, Paris, Garnier-Flammarion, 1967, p. 52. [classiques.uqac.ca/classiques/platon/Gorgias/platogor.pdf]

L'art de sculpter les fruits, gravure tirée d'un ouvrage publié à Naples en 1694.
(Wellcome Library, Londres)

où la connaissance figure si haut peut ne pas nous importer autant : après tout, on ne demande pas au cuisinier, qui serait aussi un artiste, de connaître la médecine ou la biologie, mais de créer de bons — et possiblement « beaux » — plats, chose qui peut bien exiger un certain savoir, même s'il n'est pas aussi étendu que celui du médecin ou du chimiste.

Et le fait est qu'on trouvera bien, dans les diverses conceptions de l'art élaborées en philosophie, une théorie susceptible de nous inciter à penser que, après tout, la cuisine peut vraiment être une forme d'art.

De l'art à l'art culinaire

L'écrivain Léon Tolstoï propose une conception expressionniste de l'art qui a fait autorité. Selon lui, l'art n'est pas tant la représentation du monde extérieur, même si c'est le cas en apparence, que l'expression du monde intérieur de l'artiste, de sa singularité et de sa vision personnelle. Cette dernière est communiquée à autrui qui, en certaines occasions du moins, la comprend, voire s'y identifie et se comprend lui-même par elle.

Pour cela, l'artiste apprend des savoirs et des techniques, les perfectionne jusqu'à les maîtriser et s'efforce ensuite, par elles ou par les progrès qu'il leur apporte, de dire quelque chose d'idéalement nouveau et inédit, qui provient de sa subjectivité propre.

De ce point de vue, il est plausible de penser la cuisine comme un art et le cuisinier comme un artiste. Certes, bien des gens se contentent de reproduire des plats qui sont des œuvres conçues par d'autres : ils sont semblables aux peintres du dimanche qui copient des toiles de maître sans prétendre être eux-mêmes de vrais créateurs. Le chef, lui, est visionnaire, crée une œuvre et, pour cela, mobilise des savoirs (la chimie des aliments, par exemple), maîtrise des techniques, fait preuve d'imagination et d'audace et exprime sa propre conception des aliments, des plats et de l'activité de manger.

Si on accepte cela, on est tenté de dire que des chefs comme Ferran Adrià, Grant Achatz, Michel Bras et Thomas Keller pratiquent réellement un art et sont de véritables artistes. Une visite au restaurant catalan El Bulli, du chef Ferran Adrià, réputé le meilleur ou parmi les meilleurs au monde, pourra vous en convaincre[2]. Ce restaurant a accueilli « 20 000 personnes (50 chaque soir, traitées par 45 cuisiniers et 22 serveurs)... pour 2,5 millions de réservations », rappelle le philosophe Yves Michaud. Dans son article « Les sens de l'art », il a décrit en des termes fort élogieux l'« expérience esthétique » qu'il y a vécue :

2. On est en droit de se demander si cette réputation s'est forgée en deçà ou au-delà des Pyrénées !

« Tout au long des quatre heures que dure le service des quarante-huit dégustations obligées du menu, règnent l'immatériel, la quintessence, l'extrait sublimé. Des fumets, des parfums sont capturés dans des raviolis, gressins, gaufrettes au bord de la volatilisation, par exemple quand on découvre dans un pétale de rose une gelée de *jamón ibérico* ou qu'une évanescente gelée blanche d'avril se révèle être un *ajo blanco* (soupe d'amandes et d'ail à l'eau). Plusieurs fois, les serveurs vous conseillent d'avaler immédiatement ce qu'ils vous servent tant la préparation est fragile. L'ironie (du même ordre que celle des citations de l'histoire de l'art chez les grands peintres) est que les goûts et les saveurs utilisés proviennent de notre quotidien culinaire, mais poussés au comble de la subtilité des saveurs : saucisse noire catalane, petits pois, parmesan, endives, noisettes, morue — il y a même place pour la truffe et le foie gras, mais ici encore quintessenciés. [...] Chez Adrià, on fait, comme dans une galerie d'art, une expérience esthétique jouant sur l'exacerbation de certaines qualités et sensations dans la gratuité d'une recherche. Le substrat de cette "nourriture" est le plus immatériel possible, une sorte d'excipient sur lequel poser les qualités les plus fragiles. Une infusion de thon fumé et d'algues, faite sous vos yeux dans une théière à infusion, un cappuccino de civet de lièvre pareil à un espresso, mais où le café se mélange au civet, en disent plus que je ne saurais le décrire. Extravagance, virtuosité, excès, transgression, gratuité : autant d'ingrédients de l'art[3]. »

La tradition philosophique tend toutefois à refuser la position expressionniste esquissée ici parce qu'elle juge que l'expérience de création du chef fait appel à des sens qui ne peuvent pas soutenir une création artistique — ni procurer une expérience esthétique.

3. Yves Michaud, « Les sens de l'art », *Philosophie magazine*, n° 51, juillet-août 2011. [www.philomag.com/lactu/les-sens-de-lart-1733]

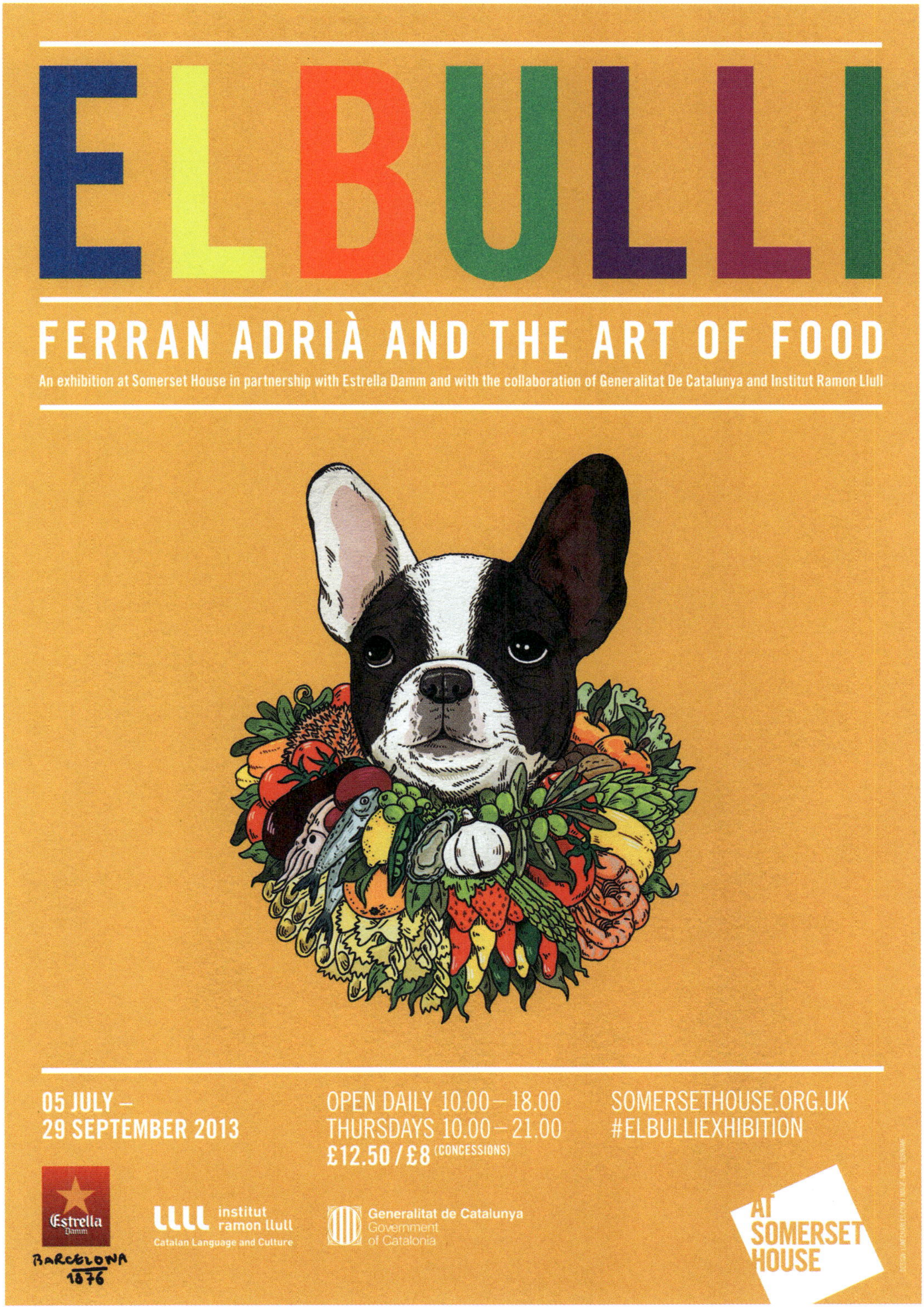

Affiche de l'exposition *elBulli : Ferran Adrià and the Art of Food*, consacrée au célèbre restaurant et à son chef, centre d'art Somerset House de Londres, 2013. Illustration d'Andrew Rae.

Rome, berceau du raffinement culinaire

Les anciens Romains, riches comme pauvres, mangeaient de manière frugale des plats simples, peu élaborés. Mais, avec l'élargissement de l'Empire, ils entrent en contact avec des cultures où le luxe et le raffinement sont présents, y compris en ce qui a trait à l'alimentation.

C'est ainsi que peu à peu, sous la République, les épices d'Asie, le blé, le vin de meilleure qualité et bien d'autres produits encore se répandent et qu'une cuisine plus élaborée se développe. En même temps, la nourriture devient une marque de différenciation sociale, puisque, si tous ne peuvent se payer ces nouvelles denrées, tous aspirent à le faire.

La pièce de la maison consacrée à la cuisine devient un espace clé, et on accorde aussi de l'importance à celle où on mange et où se tiennent de fastueuses réceptions. Le visiteur qui traverse les sites d'Herculanum ou de Pompéi, dans le sud de l'Italie, peut aujourd'hui encore contempler quelques-unes de ces pièces, richement décorées et superbement conservées.

Un livre de recettes alors en usage, sans doute le plus fameux de toute l'Antiquité, s'appelle le *De re coquinaria* (ou *L'art culinaire*). Il a été préservé et attribué à un certain Marcus Gavius Apicius, sur l'identité précise duquel on spécule encore.

On y trouve des recettes qui frappent par leur extravagance, leur complexité ainsi que par la richesse et le caractère exotique des ingrédients utilisés, tout cela étant bien entendu destiné à épater l'invité et à permettre à l'hôte d'étaler fortune et prestige. Il n'est pas exclu d'y voir ce que Platon dénonçait dans sa critique de la cuisine.

Une recette d'Apicius

Voici un exemple de cette gastronomie antique qui puise des ingrédients exotiques aux quatre coins de l'Empire. Le cumin vient du Levant, mais ce sont les Romains qui lui ont donné son nom *cuminum*. Ils ont aussi nommé les dattes, joyaux du pourtour méditerranéen, à partir du mot *dactylus,* car le fruit a la forme allongée d'un doigt.

La recette est pour deux personnes, toutefois on imagine aisément que le cuisinier romain apprêtait ainsi tout le volatile.

Ragoût d'autruche des provinces africaines

Pour 2 personnes

500 g (1 lb) de viande d'autruche

2 c. à thé de farine

2 c. à soupe d'huile d'olive

300 ml (1 ¼ tasse) de *passum** ou de vin de paille

1 c. à soupe de graines de cumin

1 c. à thé de graines de céleri

3 dattes dénoyautées

1 c. à thé de grains de poivre

2 c. à soupe de menthe hachée

3 c. à soupe de garum**

1 c. à thé de miel

3 c. à soupe de vinaigre

–

Faire cuire la viande d'autruche. (Apicius propose la viande d'autruche bouillie, mais elle peut aussi être grillée ou rôtie.)

Faire la sauce. Mélanger la farine avec 1 c. à soupe d'huile d'olive, ajouter le *passum* et remuez jusqu'à ce que la sauce soit lisse.

Pilez ensemble dans l'ordre suivant : les graines de cumin, de céleri, les dattes, le poivre et la menthe. Incorporez au mélange le garum, l'huile restante, le miel et le vinaigre. Ajoutez à la sauce. Réchauffez la viande et la sauce à feu doux.

* Vin de raisins secs prisé dans l'Antiquité qui pourrait ressembler à ce que nous appelons aujourd'hui le vin de paille.

** Une sauce de poisson comme le nuoc-mâm.

Source : Apicius, *De re coquinaria* (ou *L'art culinaire*).

Seconde question : manger est-il une expérience esthétique ?

Le mot « esthétique », qui désigne la discipline philosophique qui réfléchit sur l'art et la beauté, provient du grec *aisthesis*, qui signifie « sensible, perçu ou perceptible par les sens ». Ce terme a le mérite de nous rappeler qu'une expérience esthétique commence, même si elle ne s'y limite pas, par une expérience sensorielle.

Des plats arrivent sur la table des convives. La personne qui les a préparés a souhaité les investir d'une expérience esthétique. Celle-ci naîtra de l'expérience sensorielle, sans laquelle d'ailleurs elle est impossible. Pour cela, pendant qu'elle y travaillait, la cuisinière a testé sur elle-même les effets produits par sa création. Elle a goûté aux préparations, ajusté les assaisonnements, adapté les textures, modifié les proportions et ainsi de suite, en jugeant chaque fois à partir de sa propre expérience sensorielle et en présumant que celle de ses convives serait la même.

C'est là, dira-t-on, chose courante et même nécessaire dans tous les arts. C'est la raison pour laquelle le peintre modifie la perspective de son tableau, le sculpteur, la forme de sa création et le musicien, l'harmonie de sa partition.

Mais justement : une longue tradition philosophique refuse de reconnaître que le cas du cuisinier est identique à tous ceux-là. Pour le comprendre, demandons-nous de quelle façon nous ressentons cette expérience sensible qui pourra, éventuellement, provoquer une expérience esthétique. Dans les deux premiers cas, ceux du peintre et du sculpteur, c'est par la vue ; dans le troisième, par l'ouïe.

Qu'en est-il de la cuisine ? Il est clair qu'elle fait appel de manière prépondérante au goût et à l'odorat. Or, assure la tradition philosophique, ces sens, contrairement à la vue et à l'ouïe, ne peuvent servir de point de départ à une expérience esthétique. Les raisons invoquées sont, pourrait-on dire, cognitives et morales. Les arguments d'ordre moral tiennent à ce que les plaisirs du goût et de l'odorat sont plus charnels que ceux de la vue et de l'ouïe, qui seraient de cette manière plus nobles. Ne nous y arrêtons pas ! Les autres sont plus intéressants.

Selon ces arguments, sur le plan cognitif, la vue et l'ouïe sont des sens dotés d'une plus grande valeur et d'une plus grande objectivité que le goût, l'odorat ou même le toucher, qui procurent une expérience intime, très subjective et difficilement transmissible. L'expérience qu'offrent l'ouïe et la vue, elle, n'a pas ce caractère intime et privé. Elle n'exige pas non plus un contact aussi immédiat avec l'objet : je peux voir et entendre au loin. Mais, pour goûter un plat, je dois le porter à ma bouche. Elle est en outre éphémère — comme l'audition d'une œuvre musicale ou théâtrale, bien qu'on puisse y revenir — alors que l'expérience gustative s'accomplit et s'achève avec la dégustation du plat.

On conclut de tout cela que, contrairement à la musique ou à la peinture, tout est affaire de goût en cuisine, et que, faute d'un étalon objectif, on ne peut en discuter. Dès lors, nous ne sommes ni dans le domaine de l'art ni dans celui de l'appréciation esthétique. Le phénol, une substance imperceptible au goût pour environ la moitié des gens, a une saveur amère pour l'autre. Nous n'entrerons pas dans une longue discussion sur son goût réel ni ne débattrons longuement des mérites comparés des spaghettis (que vous préférez) et des lasagnes (que je préfère). *De gustibus non est disputandum*, écrit Kant pour clore le débat sur cette question en reprenant la célèbre maxime latine qu'il applique à la cuisine et à ses produits.

La réflexion de ce dernier va encore plus loin pour tenter de conclure que la cuisine ne peut procurer une expérience esthétique, puisqu'elle n'est qu'une affaire de goût subjectif. Pour le comprendre, il est utile de rappeler deux dimensions propres au jugement esthétique tel que Kant l'entend : on verra aussitôt qu'elles font irrémédiablement défaut au jugement porté en cuisine.

Un jugement esthétique a quelque chose de particulier en ce sens qu'il exprime ce que le philosophe appelle une « universalité sans concept ». Selon lui, ce n'est pas un simple jugement de goût satisfaisant un désir auquel rien ne peut être ajouté, mais un jugement qui comprend la tacite affirmation qu'il vaut pour tous et de façon universelle. Cette valeur ne peut se prouver, sans doute, mais au moins peut-elle s'éprouver. C'est pourquoi on peut discuter des jugements esthétiques (et on le fait constamment) alors qu'il ne vient à l'idée de personne de s'étendre sur les mérites de la soupe aux pois ou de la soupe aux champignons. Et c'est encore pourquoi il n'est pas une simple affaire hédonique de satisfaction d'un désir, mais s'éduque, opération par laquelle on prépare la formation de jugements éclairés.

Tous ces arguments ont du poids, mais ils ne sont pas définitifs.

Avec Dave Monroe, professeur de philosophie américain, on peut leur objecter que certaines œuvres, comme les performances artistiques, possèdent toutes les caractéristiques qui font que nous refusons le statut d'œuvre d'art aux créations culinaires et à leur appréciation : elles sont éphémères, uniques, consommées, puis disparaissent aussitôt[4].

Il est bon également de faire valoir que le jugement de goût se développe lui aussi, qu'il peut par là s'élever au statut de jugement esthétique, et que les critères qui rendent experts en art sont les mêmes qui font les gastronomes. Le philosophe David Hume suggérait cinq conditions de l'exercice du jugement esthétique, et on peut penser qu'elles valent également pour celui en matière de cuisine : la délicatesse du goût, qui est le type de discernement engendré lorsque l'entendement se mêle au sentiment ; la pratique, qui est la culture, par l'exercice, de la délicatesse du goût ; la comparaison de divers objets et de divers degrés de beauté ; l'absence de préjugés ; le bon sens.

4. Dave Monroe, « Can Food Be Art? The Problem of Consumption », dans *Food and Philosophy : Eat, Think and Be Merry*, sous la direction de Fritz Allhoff et Dave Monroe, Oxford, Blackwell, 2007, p. 133-144.

Affiche illustrée par Alphonse Farcy pour promouvoir le livre *Physiologie du goût* de Brillat-Savarin, 1847. (Bibliothèque nationale de France)

Ceux qui satisfont à ces conditions sont les véritables juges du goût et leurs verdicts réunis établissent la norme. Bien plus qu'à notre simple réaction psychologique subjective devant une œuvre, c'est à ces experts que nous devrions nous en remettre. Le plus célèbre et le plus recommandable d'entre eux est nul autre que le gastronome Anthelme Brillat-Savarin (1755–1826), auteur de *Physiologie du goût ou Méditations de gastronomie transcendante. Dédié aux Gastronomes parisiens par un professeur*[5].

Anthelme Brillat-Savarin.

Les brillantes réflexions de Brillat-Savarin

Son ouvrage, devenu une sorte de bible des gastronomes, peut justement être lu comme un plaidoyer en faveur d'une appréciation esthétique de la cuisine.

On peut résumer sommairement, mais loyalement, les propos de Brillat-Savarin en disant qu'il y va d'une distinction entre le simple plaisir de manger et celui de la table, laquelle l'autorise à avancer les aphorismes qui ouvrent son livre et qui établissent sa principale conclusion : il existe un art de manger qui inscrit possiblement cette expérience au nombre des expériences esthétiques. De ce point de vue, la gastronomie serait vraiment un art.

Le premier, le plaisir de manger, relève de la nature et satisfait un besoin essentiel : celui de se sustenter, qui est signalé par l'appétit. S'il n'est pas assouvi, il en résulte de la souffrance. Sa satisfaction procure quant à elle un bien-être intense et instantané et assure la survie de l'individu et la perpétuation de l'espèce.

Le deuxième, le plaisir de la table, fait échapper à la nature et pénétrer dans la culture : il procède par un raffinement tant du plaisir de manger que de sa satisfaction.

Brillat-Savarin précise ainsi cette distinction : le plaisir de la table suppose d'abord une certaine mise à distance de nos besoins et du bien-être qui résulte de leur satisfaction. C'est ce qui se manifeste lorsque ce plaisir est anticipé et qu'on se réjouit, par exemple, d'avoir de l'appétit à l'approche d'un bon repas — ou que l'on va jusqu'à se priver pour le décupler.

Durant le repas, on maintient encore cette distance et on contrôle son plaisir. Le gastronome ne se goinfre pas au premier plat, même s'il en raffole, comme l'amateur d'art, conscient de cette « indigestion » que peut procurer la vue d'une surabondance de chefs-d'œuvre au musée, organise sa visite pour faire durer le plaisir. Et c'est bien pourquoi « ceux qui s'indigèrent ou qui s'enivrent ne savent ni boire ni manger ».

Le plaisir de la table est convivial et, tout comme l'expérience esthétique, invite au partage, à l'échange et à la discussion, notamment sur les mérites des plats.

5. Anthelme Brillat-Savarin, *Physiologie du goût ou Méditations de gastronomie transcendante. Dédié aux Gastronomes parisiens par un professeur*, Paris, A. Sautelet, 1825. [www.gallica.bnf.fr/ark:/12148/bpt6k1063697/f1.image]

Les aphorismes de Brillat-Savarin

L'ouvrage de Brillat-Savarin s'ouvre sur 20 aphorismes dont certains sont devenus fameux.

I. L'univers n'est rien que par la vie, et tout ce qui vit se nourrit.

II. Les animaux se repaissent ; l'homme mange ; l'homme d'esprit seul sait manger.

III. La destinée des nations dépend de la manière dont elles se nourrissent.

IV. Dis-moi ce que tu manges, je te dirai ce que tu es.

V. Le Créateur, en obligeant l'homme à manger pour vivre, l'y invite par l'appétit, et l'en récompense par le plaisir.

VI. La gourmandise est un acte de notre jugement, par lequel nous accordons la préférence aux choses qui sont agréables au goût sur celles qui n'ont pas cette qualité.

VII. Le plaisir de la table est de tous les âges, de toutes les conditions, de tous les pays et de tous les jours ; il peut s'associer à tous les autres plaisirs, et reste le dernier pour nous consoler de leur perte.

VIII. La table est le seul endroit où l'on ne s'ennuie jamais pendant la première heure.

IX. La découverte d'un mets nouveau fait plus pour le bonheur du genre humain que la découverte d'une étoile.

X. Ceux qui s'indigèrent ou qui s'enivrent ne savent ni boire ni manger.

XI. L'ordre des comestibles est des plus substantiels aux plus légers.

XII. L'ordre des boissons est des plus tempérées aux plus fumeuses et aux plus parfumées.

XIII. Prétendre qu'il ne faut pas changer de vins est une hérésie ; la langue se sature ; et après le troisième verre, le meilleur vin n'éveille plus qu'une sensation obtuse.

XIV. Un dessert sans fromage est une belle à qui il manque un œil.

XV. On devient cuisinier, mais on naît rôtisseur.

XVI. La qualité la plus indispensable du cuisinier est l'exactitude : elle doit être aussi celle du convié.

XVII. Attendre trop longtemps un convive retardataire est un manque d'égards pour tous ceux qui sont présents.

XVIII. Celui qui reçoit ses amis et ne donne aucun soin personnel au repas qui leur est préparé n'est pas digne d'avoir des amis.

XIX. La maîtresse de la maison doit toujours s'assurer que le café est excellent ; et le maître, que les liqueurs sont de premier choix.

XX. Convier quelqu'un, c'est se charger de son bonheur pendant tout le temps qu'il est sous notre toit.

Finalement, il demande réflexion, concentration et attention à ce qui est mangé ou, mieux, goûté. Il suscite également l'évaluation de ce qui est entré de soins, de savoirs et de techniques, toutes choses nécessaires à l'appréciation esthétique, comme le disait Hume, et qui s'apprennent à propos de la cuisine et de ses productions.

Par conséquent, il existe une place — dans une conception raisonnable de la nourriture et dans la pratique, elle aussi raisonnable, de l'alimentation qui lui correspond — pour une appréciation de la nourriture qui n'est pas de la gloutonnerie, et qui peut donc être esthétique, une place qui est celle du gourmet, lequel n'est pas « gourmand » dans le mauvais sens du terme. Au contraire, selon Brillat-Savarin, cette gourmandise est une sorte de « préférence passionnée » :

> **« La gourmandise est une préférence passionnée, raisonnée et habituelle pour les objets qui flattent le goût.**
>
> **La gourmandise est ennemie des excès [...].**
>
> **Sous quelque rapport qu'on envisage la gourmandise, elle ne mérite qu'éloge et encouragement.**
>
> **Sous le rapport physique, elle est le résultat et la preuve de l'état sain et parfait des organes destinés à la nutrition.**
>
> **Au moral, c'est une résignation implicite aux ordres du Créateur, qui, nous ayant ordonné de manger pour vivre, nous y invite par l'appétit, nous soutient par la saveur, et nous en récompense par le plaisir[6]. »** ♦

6. *Ibid.*, Méditation XI : « De la Gourmandise ».

SUJETS DE CONVERSATION À TABLE

①

Entre la poire et le fromage, ouvrez la discussion afin de savoir comment définir l'art. Ensuite, à la lumière des réponses de vos convives, vérifiez si la cuisine mérite ou non cette appellation.

②

Demandez à chacun de vos invités quel est son restaurant préféré. Pour quelles raisons ?

③

Faites une dégustation de vin à l'aveugle. Versez l'alcool dans un verre en plastique, puis dans un verre à vin. Notez les commentaires. Répétez l'opération en mettant un bon cru dans le premier et un moins bon dans le second. Notez une fois de plus les commentaires. Commentez les résultats avec le ou les intéressés. Surprises garanties !

④

La faim justifie-t-elle les moyens ? Quel prix seriez-vous prêt à payer pour déguster un bon repas ?

⑤

Avant même de prendre la première bouchée d'un plat (froid de préférence), proposez à vos invités de le décrire à la manière d'une œuvre d'art (comme un tableau ou une sculpture).

⑥

Selon vous, qu'est-ce qu'un kouign-amann [kwinaman] de Guémené-Penfao ? Un axoa (prononcez « achoa ») d'Euskadi ? Curieux ? Vous trouverez les réponses sur le site :

[www.cuisineaz.com/diaporamas/plats-noms-imprononcables-282/interne/1.aspx]

Profitez-en pour donner des noms impossibles ou drôles aux plats que vous partagez entre amis.

LECTURES SUGGÉRÉES

- Platon, *La République*, traduction et présentation de Georges Leroux, Paris, Flammarion, coll. « GF », 2004 ; *Gorgias*, traduction, notices et notes d'Émile Chambry, Paris, Garnier-Flammarion, 1967.

  [classiques.uqac.ca/classiques/platon/Gorgias/platogor.pdf]

- Yves Michaud, « Les sens de l'art », *Philosophie magazine*, n° 51, juillet-août 2011.

  [www.philomag.com/lactu/les-sens-de-lart-1733]

- Dave Monroe, « Can Food Be Art? The Problem of Consumption », dans *Food and Philosophy : Eat, Think and Be Merry*, sous la direction de Fritz Allhoff et Dave Monroe, Oxford, Blackwell, 2007.

La bible de l'art culinaire :

- Anthelme Brillat-Savarin, *Physiologie du goût ou Méditations de gastronomie transcendante. Dédié aux Gastronomes parisiens par un professeur*, Paris, A. Sautelet, 1825. Sur le site de la Bibliothèque nationale de France :

  [www.gallica.bnf.fr/ark:/12148/bpt6k1063697/f1.image]

- Carole Talon-Hugon, *L'esthétique*, Paris, PUF, coll. « Que sais-je ? », 2013.

- Anne Cauquelin, *Les théories de l'art*, Paris, PUF, coll. « Que sais-je ? », 2010.

- Léon Tolstoï, *Qu'est-ce que l'art ?*, Paris PUF, coll. « Quadrige », 2016.

PRESSE
magie minceur
Détox! Détox! Détox!
Diète Magique
Résultat rapide
Régime
Maigrir Vite
RECETTE MIRACLE
Cure de Jus
EN FORME
Super Santé
MUSCU MAG
Aliments+

— Chapitre 9 —

UN REGARD SCEPTIQUE SUR LES RÉGIMES ALIMENTAIRES

UN DÉFI EXISTENTIEL

Que celui ou celle qui n'a jamais suivi un régime fasse bien attention, parce que, tôt ou tard, il y aura sûrement quelqu'un pour l'inciter à en faire un.

Qui n'a jamais entendu parler de régime miracle, sur mesure, de cure minceur, de diète méditerranéenne, sans oublier le « régime-pour-ressembler-à-la-star-du-moment » ?

Plus que jamais, les cures miracles foisonnent pour le plus grand bonheur… financier de ceux qui en font la promotion. Mais cette propension à céder aux régimes de cet acabit ne cache-t-elle pas une grande inquiétude ? Qu'est-ce qui angoisse leurs aficionados au point de les faire succomber à la première sollicitation ? Entre choix délibéré, manipulation publicitaire et pressions sociales de toutes sortes, comment adopter un régime efficace et qui nous ferait vivre mieux ? Et encore, question existentielle s'il en est, choisit-on vraiment quand on croit choisir ?

La boussole des sceptiques : des anecdotes aux données probantes

« Moi je fais deux régimes en même temps parce qu'avec un seul, je n'avais pas assez à manger. »

Coluche

Pour juger de la valeur d'un régime amaigrissant, il faut se demander deux choses : l'une empirique, l'autre normative. La première : est-il efficace ? (Il faut avoir pris soin au préalable de définir ce terme.) La seconde : est-il sain ? Car il va de soi qu'une diète peut fort bien faire perdre du poids, mais être dangereuse pour la santé.

Pour évaluer des affirmations empiriques, le sceptique dispose d'un outil commode qui aide à se faire une idée de leur plausibilité selon la qualité croissante de la preuve qu'on peut avancer pour les étayer.

D'une part, d'un point de vue élémentaire, une affirmation est fondée sur l'expérience personnelle, la sienne ou ce que rapporte autrui. On appelle cela les preuves anecdotiques. Elles ne sont pas à négliger, elles sont même parfois suffisantes — dans de nombreux cas de la vie quotidienne, par exemple (a priori, je n'ai aucune raison de douter des propos de qui m'assure que le dépanneur se trouve au bout de la rue, à droite, et le vérifierai bien assez vite). Mais devant quelque chose de plus complexe, comme l'efficacité (et la sécurité) d'un régime amaigrissant justement, on ne peut s'en contenter. Une cure miracle peut bien, pour diverses raisons, être efficace pour une personne en particulier et ne pas l'être pour une autre.

On souhaitera donc faire des expériences, mais ce n'est pas toujours possible, hélas, pour toutes sortes de raisons, pratiques ou morales : on se rabat alors sur les avis des experts.

Là où des expériences sont possibles et ont été faites, là où existent des recherches proprement dites, des études empiriques et expérimentales, l'échelle du sceptique aide à juger de la qualité de la preuve qu'elles apportent.

De ce point de vue, on distingue plusieurs niveaux.

Au plus bas se trouvent les travaux menés sans variables de contrôle (pour porter un jugement, on tiendra compte chaque fois de la qualité de la publication dans laquelle ces recherches paraissent et on privilégiera les revues qui disposent d'un comité de lecture formé par les pairs…) ; puis viennent les recherches menées avec variables de contrôle, plus crédibles ; enfin, encore plus probantes, celles menées avec un groupe expérimental et un groupe témoin, idéalement répartis au hasard.

C'est là l'étalon-or de la recherche : on examine les effets d'une variable (une diète amaigrissante) en construisant deux groupes de sujets aussi semblables que possible. L'un suit la cure, l'autre pas. Dans ce cas, les changements constatés pourront légitimement être attribués à la variable par quoi les groupes diffèrent, à savoir le régime — des méthodes statistiques sont employées pour établir et préciser cette conclusion, mais il n'est pas nécessaire d'entrer dans ces détails ici.

Lorsqu'on dispose d'un grand nombre de recherches, il est même possible de synthétiser les résultats par le moyen de ce qu'on appelle une méta-analyse et d'obtenir ainsi une mesure de l'effet de la variable étudiée — et, le cas échéant, de connaître son efficacité avec une grande justesse. On a alors obtenu ce qu'on pourra appeler le Saint-Graal de la recherche empirique et expérimentale.

Je suis certain que vous l'avez deviné : de telles études sur les régimes amaigrissants sont bien difficiles à mener pour des raisons à la fois pratiques et éthiques. Imaginez vouloir former deux groupes et soumettre les membres du premier à une cure minceur dont on ignore les effets potentiellement redoutables ou nocifs... C'est pourquoi on a rarement un étalon-or ou un Saint-Graal en ce domaine.

Pis encore : tout ce qui concerne les diètes miracles est si lucratif qu'on peut penser que des distorsions et des hyperboles seront présentes, surtout dans la diffusion des résultats de recherche au public.

Voyez, par exemple, cette étude démontrant que manger du chocolat fait maigrir (page 171).

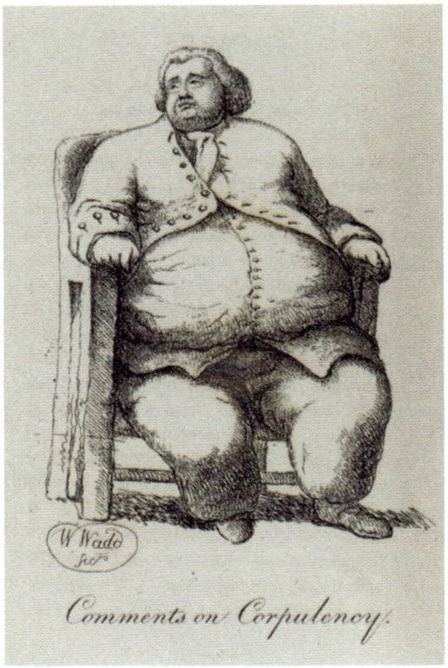

Gravure tirée de *Comments on Corpulency* par William Wadd, 1829. (Wellcome Images)

Les stars s'en mêlent... et s'emmêlent souvent

Un autre facteur qui fausse la donne en matière de régimes, amaigrissants ou autres, concerne ces vedettes qui, surfant sur leur popularité, en font la promotion, vantant même parfois toutes sortes de modes alimentaires souvent bien étranges, voire dangereuses.

Un récent ouvrage de Timothy Caulfield intitulé *Is Gwyneth Paltrow Wrong About Everything? : When Celebrity Culture and Science Clash*[1] se penche sur cet aspect de l'alimentation à l'heure où le vedettariat et l'influence qu'il procure sont décuplés par l'effet d'internet et des réseaux sociaux. L'auteur démontre à quel point les croyances des stars, sur des questions complexes comme la santé, sont adoptées et prises au sérieux par un public nombreux, qui leur accorde un crédit inversement proportionnel à leurs mérites.

Un de ces cas concerne le régime sans gluten, popularisé notamment par Novak Djokovic, l'excellent joueur de tennis, qui lui a attribué une part de ses exploits sur le court.

Le régime, qui préconise d'exclure tous les aliments contenant ces protéines (comme les pâtes et le pain), est devenu si à la mode que les ventes d'aliments sans gluten sont en forte hausse. Ils ont souvent droit à leur rayon dans les supermarchés et il existe même des sites de rencontre pour les adeptes en quête de l'âme sœur, dont Glut'aime... De l'amour sans gluten.

Le consensus scientifique sur la question, auquel le sceptique préférera se fier, est pourtant clair : cette intolérance au gluten (la maladie cœliaque) est définie comme une « maladie héréditaire

1. Timothy Caulfield, *Is Gwyneth Paltrow Wrong About Everything? : When Celebrity Culture and Science Clash*, Toronto, Penguin Canada Books, 2015.

Mangez du chocolat pour maigrir !

En 2015, Johannes Bohannon, Ph. D., directeur de l'Institute of Diet and Health, a en effet rendu publique une recherche, menée avec un groupe expérimental et un groupe témoin, qui démontrait que des personnes qui suivaient un régime à faible teneur en carbohydrates perdaient du poids 10 % plus rapidement si… elles mangeaient une tablette de chocolat par jour !

Répercutée par les journaux et les magazines, présentée à la télévision, la nouvelle fantastique a vite fait le tour du monde.

Les travaux ont réellement été menés, avec un groupe expérimental et un groupe témoin ; une analyse statistique a bel et bien été réalisée et la conclusion établissant un lien entre la perte de poids et la consommation de chocolat a été avancée. L'ennui, c'est que la recherche ne permettait aucunement de tirer cette conclusion.

Comme le souligna Johannes Bohannon, ou plutôt John Bohannon puisque tel est son vrai nom : « C'était de la bien mauvaise science. Les résultats n'ont pas de sens et les effets thérapeutiques qu'ont proclamés les médias à des millions de personnes sont sans fondement. C'était en fait une étude représentative de ce qui se fait généralement en matière de recherche dans le domaine des régimes*. » Quant à l'Institute of Diet and Health, il n'existait que sur le site internet créé pour l'occasion.

La fausse petite expérience voulait notamment suggérer à quel point ces travaux sur les régimes, même avec d'improbables conclusions et une méthodologie terriblement déficiente, sont reçus dans les médias et livrés au public sans recul critique : mission accomplie.

* John Bohannon, « I Fooled Millions Into Thinking Chocolate Helps Weight Loss : Here's How ». [www.io9.gizmodo.com/i-fooled-millions-into-thinking-chocolate-helps-weight-1707251800]

caractérisée par une atrophie des villosités de la muqueuse de l'intestin grêle et favorisée par l'absorption de gluten (protéine présente dans le blé, le seigle et l'orge[2]) ». Certaines personnes, qui n'ont pas reçu ce diagnostic, croient cependant y être « sensibles » et affirment ressentir des malaises si elles en consomment. Inspirées par Djokovic, entre autres, elles adoptent une alimentation sans gluten.

On a d'abord cru que c'était bien le cas, que cette sensibilité au gluten était réelle et une étude est même allée dans ce sens. Mais une deuxième, cette fois avec un groupe expérimental et un groupe témoin, a démontré que ces personnes réagissaient non pas à ces protéines végétales, mais aux FODMAP (acronyme de *Fermentescibles Oligo-, Di-, Monosaccharides And Polyols*[3]). Il existe d'ailleurs un régime efficace pour lutter contre l'intolérance aux FODMAP, mais le fait est que ces gens ne sont pas sensibles au gluten. Les malaises rapportés peuvent être causés par les FODMAP, mais aussi, suggère-t-on, résulter de ce qu'on nomme l'effet nocebo, l'inverse de l'effet placebo. Le placebo (mot qui veut dire littéralement « je plairai ») désigne un effet positif causé par un produit inerte sur un sujet qui le croit bénéfique ; le nocebo (« je nuirai ») désigne un effet négatif ressenti par un sujet qui croit qu'un produit inerte a cette propriété.

Je ne possède pas l'expertise pour me prononcer là-dessus, mais ces données nous rappellent les limitations de l'expérience personnelle comme source de savoir fiable dans un domaine comme l'alimentation.

Sans même encore avoir abordé la question de la sécurité de ces régimes amaigrissants, je pense qu'on m'accordera à tout le moins que le domaine est par bien des aspects désolant et que, si on souhaite conserver un minimum d'esprit critique, on devra faire preuve de méfiance envers les prétentions des uns et des autres.

Ce faisant, on examinera avec attention ce qu'on nous dit en se demandant si cela est au moins plausible.

On se méfiera des appels à l'autorité qui ne méritent pas d'emblée notre confiance (comme les vedettes).

On demandera des preuves empiriques et, à défaut de véritables expériences de contrôle, on voudra au moins des expérimentations pour s'assurer que ce qui est proposé n'est pas en contradiction avec ce qu'on sait en biologie, en médecine et en nutrition. Au Québec, il existe un site fiable et recommandable pour se renseigner sur ce sujet [www.extenso.org] et un autre aux États-Unis, celui du Département de nutrition de la Harvard T.H. Chan School of Public Health [www.thenutritionsource.org] de la Harvard Medical School.

Pour le moment, je voudrais rappeler quelques conclusions auxquelles on parvient en suivant les règles proposées ici. Je m'inspire notamment dans ce qui suit du travail d'une médecin sceptique, Harriet Hall[4].

2. *Larousse médical*, sous la direction d'Yves Morin, Paris, Larousse, 2003.
3. Jessica R. Biesiekierski et autres, « No Effects of Gluten in Patients With Self-Reported Non-Celiac Gluten Sensitivity After Dietary Reduction of Fermentable, Poorly Absorbed, Short-Chain Carbohydrates », *Gastroenterology*, vol. 145, n° 2, août 2013, p. 320-328.
4. Harriet Hall, « Food Myths: What Science Knows (and Does Not Know) about Diet and Nutrition », *Skeptic*, vol. 19, n° 4, 2014, p. 10-19.

Vendre son régime

Les tactiques marketing utilisées par l'industrie des produits, services et moyens amaigrissants (PSMA) sont nombreuses. Il n'est pas rare d'ailleurs de voir des slogans trompeurs et des allégations invraisemblables dans leurs publicités. Il n'existe actuellement aucune législation spécifique concernant les réclames des PSMA.

Selon l'Association pour la santé publique du Québec (ASPQ), les trois stratégies publicitaires les plus exploitées sont les suivantes : miser sur le caractère « naturel » du produit ; vanter que son efficacité est prouvée scientifiquement ou qu'il est approuvé par un médecin ; adopter un « discours santé[5] ».

Quelques cures miracles

Voici quelques régimes à la mode, ou qui l'ont été récemment, et ce qu'il est raisonnable d'en penser en utilisant les critères évoqués plus haut.

Certains, comme vous le verrez, sont totalement farfelus — voire pires encore.

Le régime paléolithique

Selon ce régime très populaire proposé en 1985, il faudrait manger comme nos ancêtres du paléolithique et ne consommer, en justes proportions, que des aliments naturels. Mais de quels ancêtres parle-t-on exactement ? Les diètes décrites dans diverses régions du monde par les anthropologues sont très variées et de nombreux aliments dont on se nourrissait alors n'existent plus. Et quelles seraient ces justes proportions ? De plus, bien des aliments naturels sont nocifs ou imparfaits et ne sont bons pour la santé, ou meilleurs, que par les nombreuses transformations successives qu'ils ont subies depuis le paléolitique, ce qui explique que nos aïeux les aient abandonnés avec joie.

Enfin, si certaines recommandations sont jugées saines (manger des fruits et des légumes), d'autres sont même considérées comme dangereuses (trop de viande, pas assez de grains céréaliers — qu'on croyait à tort absents de la diète de nos ancêtres quand le régime a été suggéré — et carences en fibres solubles[6]).

5. Institut national de santé publique du Québec, *Bénéfices, risques et encadrement associés à l'utilisation des produits, services et moyens amaigrissants (PSMA)*, Québec, INSPQ, 2008, p. 38. Pour un résumé : [www.extenso.org/article/dietes-populaires-les-risques-pour-la-sante-des-regimes-restrictifs]
6. Hélène Baribeau, « Le régime paléolithique », décembre 2014. [www.passeportsante.net/fr/Nutrition/Regimes/Fiche.aspx?doc=paleolithique_regime]

La Belle au bois dormant n'a pas à s'inquiéter de son régime.
The Rose Bower, tableau d'Edward Burne-Jones, vers 1890.

Le régime de la Belle au bois dormant

Des sédatifs vous font dormir. C'est connu, qui dort ne dîne pas et maigrit. Il n'est sans doute pas nécessaire de commenter cette suggestion...

Le régime selon le groupe sanguin

Certains aliments doivent être évités ou, au contraire, recherchés selon son groupe sanguin. Cette recommandation n'a aucune crédibilité du point de vue scientifique et aucune donnée probante ne peut être avancée pour suggérer l'efficacité de ce régime. Pire : il fait omettre des aliments importants dans une diète équilibrée.

Le régime loup-garou

Ici, il faut jeûner durant la pleine lune. Est-ce parce que c'est ce que font les loups-garous ? Allez savoir... Vous perdrez du poids en vous privant. Et le reprendrez aussi vite...

Le régime à cinq bouchées

Celui-ci recommande de vous abstenir de petit-déjeuner, puis de manger cinq bouchées de ce que vous voulez le midi et le soir. Sauter un repas n'est vraiment pas une bonne idée. S'alimenter insuffisamment non plus — à moins que les bouchées ne soient gigantesques...

Le régime à base d'aliments pour bébés

Durant la journée, vous devez manger 14 pots de nourriture pour bébés contenant chacun entre 20 et 100 calories. Ensuite, vous vous offrez un souper léger. Vous perdrez sans doute du poids, puisque vous ingérerez peu de calories. Vous aurez aussi l'air malin avec vos pots...

Le régime pamplemousse

Certaines enzymes de cet agrume ont la propriété de brûler les graisses : mangez-en beaucoup et vous maigrirez ! Voici ce qu'écrit Harriet Hall :

> **« On sait que les enzymes contenues dans les aliments sont détruites dans l'estomac et ne survivant pas ne peuvent agir en tant qu'enzymes dans notre corps. Le régime fonctionne parce que les gens se lassent de toujours manger la même chose et mangent moins. Le régime est faible en calories et n'est pas bon pour la santé[7]. »**

Le régime du ver solitaire

Le dernier mais non le moindre, et qui est tristement vrai. Avalez des œufs de vers ; devenus adultes, ils se logent dans votre estomac et mangent ce dont vous vous nourrissez. Par conséquent, vous maigrissez. Hall écrit : « Ces vers peuvent entraîner des infections qui provoquent des symptômes désagréables et, s'ils bloquent l'intestin

7. Harriet Hall, *loc. cit.*

ou migrent vers d'autres organes (foie, cœur, yeux, cerveau), ils peuvent aussi causer de sérieuses complications[8]. »

De toute évidence, nous ne sommes pas au bout de nos surprises en matière de régimes minceur.

La meilleure manière de maigrir reste encore... de ne pas suivre de régime — tout en mangeant sainement et en apportant de petits changements graduels à son alimentation. Telle est bien la conclusion de la recherche crédible sur la question[9], qui démontre encore que, si certaines personnes parviennent bel et bien à perdre du poids, elles le regagnent ensuite rapidement. Le philosophe doit cependant laisser la place ici aux médecins et aux nutritionnistes, mais la philosophie peut possiblement vous aider à persister dans votre décision de vous nourrir autrement, quel que soit cet autrement.

Un grave problème de philosophie politique : le paternalisme en alimentation

La liberté individuelle est une valeur à laquelle nous sommes tous et toutes profondément attachés et nos institutions politiques se veulent l'incarnation de cette valorisation. Elles doivent donc justifier toutes les entraves à ce droit fondamental, et le simple fait d'agir ou de prétendre agir pour le bien présumé de la personne, dont on limite la liberté, n'est pas d'emblée considéré comme une justification acceptable. Au contraire, on y voit ce qu'on appelle du paternalisme, lequel est a priori condamnable.

Depuis quelques années, pourtant, certains auteurs se portent à sa défense. On imaginera, par exemple, organiser subtilement les options devant lesquelles une personne est placée pour veiller à ce qu'elle fasse le meilleur choix pour elle. Cette manière de procéder s'appelle *nudges*, des « coups de coude » qu'on donne à la personne qui « choisit ».

Un exemple? Toutes choses étant égales par ailleurs, nous avons tendance à maintenir le statu quo plutôt que d'aller vers le changement. Ainsi, comme il est sage de mettre de l'argent de côté pour la retraite, on fait de la rétention de cette somme sur le salaire d'une personne le choix par défaut plutôt que de laisser à chacun le soin de l'épargner. Le résultat, considéré comme bon pour elle, a été obtenu par un *nudge*, qui fait jouer une forme douce de paternalisme. Pour comprendre comment cela peut susciter des controverses, imaginez que le choix par défaut, le *nudge*, est le don d'organes après la mort.

Il existe aussi des formes plus actives, plus coercitives encore de paternalisme : cette fois, on rend un certain choix impossible. On retrouve ce type de paternalisme dans le domaine de l'alimentation. C'est lui qui est en cause lorsque, en réaction à la prévalence de l'obésité chez les jeunes notamment, des autorités veulent

8. *Ibid*.
9. Charlotte N. Markey, *Smart People Don't Diet : How the Latest Science Can Help You Lose Weight Permanently*, Boston (MA), Da Capo Press Lifelong Books, 2014 ; Traci Mann, *Secrets from the Eating Lab : The Science of Weight Loss, the Myth of Willpower, and Why You Should Never Diet Again*, New York, Harper Wave, 2015.

Entre liberté individuelle, paternalisme et... stratégie commerciale retorse.
(Jacques Nadeau, *Le Devoir*)

interdire un certain format de boisson gazeuse, un type de boisson énergisante ou de nourriture à l'école.

Les vifs débats qui s'ensuivent nous ramènent à cette valeur de la liberté dont nous sommes partis et aux éventuelles limites qu'on peut légitimement lui imposer. Sans rien dire du rôle, important mais aussi contestable, de ces mégaentreprises alimentaires dans le débat public et la conversation démocratique...

Jean-Paul Sartre, 1965.

Liberté, déterminisme et un repas au Café de Flore

Qu'il s'agisse de faire un régime ou d'autre chose, choisit-on vraiment quand on choisit — ou croit choisir ?

La question est lourde de conséquences parce qu'elle exige de savoir si nous sommes libres oui ou non (et donc responsables...) et, le cas échéant, à quel point. Elle divise depuis longtemps les philosophes et autres penseurs de toutes les disciplines.

Une des positions radicales sur la question est celle défendue par Jean-Paul Sartre (1905–1980) pour qui nous sommes toujours libres et choisissons toujours, non pas notre situation, sans doute, mais ce que nous en faisons.

Pour comprendre ce qu'il avance, je vous emmène manger au Café de Flore, à Paris. Sartre et sa compagne, Simone de Beauvoir (1908–1986), nous y attendent.

En route, je vous propose une expérience, modeste mais encore là lourde de conséquences.

Prenez un petit objet dans votre main, disons un stylo, et tendez-la devant vous, paume vers le sol.

Ouvrez la main.

Le stylo tombe par terre.

Vous ne vous en étonnez pas.

L'événement n'a en effet rien de surprenant : le monde est ainsi fait, les objets tombent. Ils tombent même selon une loi bien connue depuis Newton et qui est fort utile pour concevoir des ponts, des avions et mille autres choses encore.

En fait, tous les objets tombent conformément à cette loi et tombent en ligne droite. C'est même vrai de ceux qui, en apparence, ne tombent pas, comme le rappelait malicieusement le philosophe Gaston Bachelard (1884–1962), puisque le vol de l'oiseau ou la chute capricieuse de la feuille d'automne sont des chutes niées (l'oiseau) ou contrariées (la feuille) par des accidents (le vent).

Répétez votre petit jeu avec le stylo et il tombera de nouveau.

Ce qui est mis en évidence par cela se nomme le déterminisme, l'idée selon laquelle les événements du monde sont soumis à un enchaînement causal nécessaire par lequel les mêmes causes produisent les mêmes effets, cet enchaînement étant exprimé par les lois de la nature et étant garant de la régularité de notre vie quotidienne.

Existentialisme à la carte

Dans le Paris d'après-guerre, le tout-Saint-Germain-des-Prés se rencontre au Café de Flore. Sartre et Beauvoir sont des habitués, bien sûr, mais il n'est pas rare d'y croiser André Breton, Albert Camus ou Juliette Gréco. Si Sartre a une aversion pour les fruits de mer, qu'il n'aime ni les végétaux ni ce que la main de l'homme n'a pas cuisiné, il aime les œufs. Incidemment, il devait adorer ces épiques batailles d'œufs durs qui avaient cours au Flore, selon la petite histoire, et qui salissaient Jacques Prévert et son frère, Pierre, Artaud ou Vian, notamment.

Le sachant capricieux, le chef aurait peut-être prévu au menu cette recette d'Alexandre Dumas :

Œufs à la Robert

Prenez deux ou trois oignons : coupez-les en dés et passez sur le feu avec un morceau de beurre ; mettez-y une pincée de farine et mouillez avec du bouillon, un verre de vin de Champagne ; faites-les cuire à petit feu. Quand ils seront cuits, faites durcir une douzaine d'œufs, pelez-les et coupez-les en quatre comme des œufs à la tripe ; faites-leur faire quelques bouillons avec des oignons ; assaisonnez le tout de sel et de poivre et, quand on est prêt à servir, mettez-y de la moutarde.

Source : Alexandre Dumas, *Petit dictionnaire de cuisine*, Paris, Alphonse Lemerre éditeur, 1882.

Sachant tout cela, vous ne vous étonnez pas du résultat de notre petite expérience.

Moi, en un sens, si. C'est que cette idée se heurte à une autre qui nous est, elle aussi, et à tous les deux, particulièrement chère.

Revenons à notre stylo.

Il est tombé comme le déterminisme et les lois de la physique permettaient de l'affirmer. Mais rien ne pouvait prédire que vous obéiriez à mes instructions. Peut-être (sans doute) ne l'avez-vous pas fait.

Le sens commun assure que vous avez choisi librement. Notre système pénal, nos intuitions sur la responsabilité morale et les religions convergent vers cette conclusion : nous sommes libres et quelque chose en nous, l'esprit ou l'âme (peu importe le nom qu'on lui donne), échappe au déterminisme.

Vous avez deviné : ces deux idées, ces deux convictions, aussi importantes l'une que l'autre (de la première dépendent notre savoir et nos techniques et, de la seconde, nos systèmes moraux et pénaux), entrent à première vue en violente opposition, voire en contradiction.

Des trésors d'ingéniosité ont été déployés pour étudier ce problème appelé le « problème du libre arbitre ».

Certains soutiennent que le déterminisme est universel et que le libre arbitre n'est rien d'autre qu'un mirage ; d'autres affirment que ces deux réalités sont compatibles, en un sens particulier qu'exigent la morale et la loi ; cette question nous conduit aux limites infranchissables de ce que nous pouvons comprendre, assurent d'autres encore, dont le philosophe Noam Chomsky : ceux-là sont appelés les « mystériens ».

Il y a aussi des gens qui jugent que nous sommes radicalement, totalement libres. C'est le cas de Sartre, dont le système de pensée, l'existentialisme, est un des monuments de la philosophie du XXe siècle.

Il nous reste seulement quelques minutes avant d'arriver au Flore, juste le temps qu'il faut pour vous expliquer sommairement ce que Sartre a avancé.

Pour aller au plus simple, il distingue deux irréductibles sortes d'êtres (d'existants) dans le monde : l'être-en-soi et l'être-pour-soi (il pose aussi le pour-autrui, mais on peut sans mal l'ignorer ici).

L'être-en-soi est tout ce qui existe à l'exclusion de la conscience humaine : cela est simplement là, donné, inerte, passif et, en un mot, existe, avec son essence qui fait de cette chose qu'elle est cette chose précisément — un arbre, une pierre, une rue, etc. — et pas une autre. Sartre désigne cela sous le nom de facticité.

L'être-pour-soi est fluide, non défini, dynamique : il existe avant que d'être quoi que ce soit (son existence précède son essence) et, ce qu'il est, il le choisit. Devant l'être, il est néant, en ce sens qu'il peut toujours nier ce qui est et se redéfinir. Sartre désigne cela sous le nom de transcendance.

Nous, les êtres humains, nous sommes à la fois facticité et transcendance. Par notre langue, notre corps, notre histoire personnelle, notre culture, nos choix antérieurs et mille autres choses encore, nous appartenons à la facticité. Mais nous appartenons aussi à la transcendance, que nous le voulions ou non : nous pouvons toujours choisir (en fait, ne pas choisir, c'est encore choisir de ne pas choisir) et décider ce que nous ferons de notre facticité. Celle-ci devient notre situation. Malade, vous pouvez déterminer la manière dont vous affrontez la maladie ; torturé, vous pouvez parler ou non, et ainsi de suite. Durant la guerre justement, Sartre écrit :

> **« Ainsi n'y a-t-il pas *d'accidents* dans une vie ; un événement social qui éclate soudain et m'entraîne ne vient pas du dehors ; si je suis mobilisé dans une guerre, cette guerre est *ma* guerre, elle est à mon image et je la mérite. Je la mérite d'abord parce que je pouvais toujours m'y soustraire, par le suicide ou la désertion, ces possibles ultimes sont ceux qui doivent toujours nous être présents lorsqu'il s'agit d'envisager une situation. Faute de m'y être soustrait, je l'ai *choisie*[10]. »**

Si vous ressentez à présent un profond vertige devant ce pour-soi qui peut toujours nier un donné ou refuser la facticité, si cette exigence de choisir vous apparaît terrifiante (parce que vous ne savez pas trop comment faire), vous venez de vivre vos premières émotions existentialistes, cette angoisse bien particulière de qui découvre qu'il est un mélange de facticité et de transcendance, mais toujours libre et responsable. Vous comprenez à présent le mot terrible et en apparence paradoxal de Sartre : « Jamais nous n'avons été plus libres que sous l'occupation allemande[11]. »

Cette liberté et cette responsabilité sont si effrayantes que la conscience parvient en quelque sorte à les nier en se persuadant qu'elle n'a pas le choix. Certaines des pages les plus subtiles de Sartre analysent cette possibilité, qu'il appelle « la mauvaise foi », qui est au fond une manière de se mentir à soi-même.

Voyez cette jeune femme que nous présente Sartre et qui est à un rendez-vous galant. Elle sait ce que son prétendant devant elle espère : c'est sa facticité. Elle sait qu'un moment viendra où elle devra prendre une décision, mais elle souhaite retarder ce moment. Elle veut qu'on aime son être libre et n'entend pas devenir un simple objet de convoitise sexuelle. Alors, elle prend des éléments de ce qui se produit et les réinterprète, en quelque sorte, de manière à se tromper elle-même sur ce qui se déroule. Sartre explique :

10. Jean-Paul Sartre, *L'être et le néant : essai d'ontologie phénoménologique*, Paris, Gallimard, coll. « Tel », 1976, p. 599.
11. Jean-Paul Sartre, « La République du silence », *Les Lettres françaises*, 9 septembre 1944.

« Abandonner cette main, c'est consentir de soi-même au flirt, c'est s'engager » (Sartre).
Illustration de Coles Phillips en couverture de *Life Magazine*, décembre 1911.
(American Art Archives)

« Si on lui dit : "Je vous admire tant", elle désarme cette phrase de son arrière-fond sexuel, elle attache aux discours et à la conduite de son interlocuteur des significations immédiates qu'elle envisage comme des qualités objectives. [...] Voici qu'on lui prend la main. Cet acte de son interlocuteur risque de changer la situation en appelant une décision immédiate : abandonner cette main, c'est consentir de soi-même au flirt, c'est s'engager. La retirer, c'est rompre cette harmonie trouble et instable qui fait le charme de l'heure. Il s'agit de reculer le plus loin possible l'instant de la décision. On sait ce qui se produit alors : la jeune femme abandonne sa main, *mais ne s'aperçoit pas* qu'elle l'abandonne. Elle ne s'en aperçoit pas parce qu'il se trouve par hasard qu'elle est, à ce moment, tout esprit. Elle entraîne son interlocuteur jusqu'aux régions les plus élevées de la spéculation sentimentale, elle parle de la vie, de sa vie, elle se montre sous son aspect essentiel : une personne, une conscience. Et pendant ce temps, le divorce du corps et de l'âme est accompli ; la main repose inerte entre les mains chaudes de son partenaire : ni consentante ni résistante — une chose[12]. »

Sartre conclut :

« Nous dirons que cette femme est de mauvaise foi. Mais nous voyons aussitôt qu'elle use de différents procédés pour se maintenir dans cette mauvaise foi. Elle a désarmé les conduites de son partenaire en les réduisant à n'être que ce qu'elles sont, c'est-à-dire à exister sur le mode de l'en-soi. Mais elle se permet de jouir de son désir, dans la mesure où elle le saisira comme n'étant pas ce qu'il est, c'est-à-dire où elle en reconnaîtra la transcendance. Enfin, tout en sentant profondément la présence de son propre corps — au point d'être troublée peut-être — elle se réalise comme n'étant pas son propre corps et elle le contemple de son haut comme un objet passif auquel des événements peuvent arriver, mais qui ne saurait ni les provoquer ni les éviter, parce que tous ses possibles sont hors de lui. Quelle unité trouvons-nous dans ces différents aspects de la mauvaise foi ? C'est un certain art de former des concepts contradictoires, c'est-à-dire qui unissent en eux une idée et la négation de cette idée[13]. »

La mauvaise foi est une réalité bien singulière : le menteur et la personne à qui il ment sont une seule et même personne, et le menteur croit et ne croit pas tout à fait à son mensonge. Et chacun de nous peut ainsi jouer de sa situation, entre transcendance et facticité.

Un second exemple de mauvaise foi fameux donné par Sartre concerne... Mais nous voici arrivés au Flore. Pour ce second exemple, considérez avec Sartre ce serveur, ce garçon de café, là, juste devant vous. Au sens strict, cet homme n'est pas, par essence, un garçon de café, comme une table est une table : il est un pour-soi et ce n'est que parce qu'il consent à en être un qu'il est un garçon de café. Il pourrait rendre son tablier sur-le-champ, comme le soldat de tout à l'heure pouvait déserter ou se suicider. Il se choisit comme

12. Jean-Paul Sartre, *L'être et le néant*, *op. cit.*, p. 90.
13. *Ibid*.

« Il a le geste vif et appuyé, un peu trop précis, un peu trop rapide [...]
il joue à être garçon de café » (Sartre). Photographie de Paul Louis, 1935.
(Fonds Norbert Huffschmitt, Musée de la Photographie Charles Nègre)

garçon de café et choisit d'être ce qu'il n'est pas, de l'être et de le nier en même temps, et tout dans son comportement dénote la part de mauvaise foi dans cette attitude. Notre homme joue à être un garçon de café, un élément donné du monde, un en-soi, tout en sachant bien qu'il n'en est pas un, mais en faisant comme si, ce qui est bien de la mauvaise foi.

Sartre écrit :

> **« Considérons ce garçon de café. Il a le geste vif et appuyé, un peu trop précis, un peu trop rapide, il vient vers les consommateurs d'un pas un peu trop vif, il s'incline avec un peu trop d'empressement, sa voix, ses yeux expriment un intérêt un peu trop plein de sollicitude pour la commande du client, enfin le voilà qui revient, en essayant d'imiter dans sa démarche la rigueur inflexible d'on ne sait quel automate tout en portant son plateau avec une sorte de témérité de funambule, en le mettant dans un équilibre perpétuellement instable et perpétuellement rompu, qu'il rétablit perpétuellement d'un mouvement léger du bras et de la main. Toute sa conduite nous semble un jeu. Il s'applique à enchaîner ses mouvements comme s'ils étaient des mécanismes se commandant les uns les autres, sa mimique et sa voix même semblent des mécanismes ; il se donne la prestesse et la rapidité impitoyable des choses. Il joue, il s'amuse. Mais à quoi donc joue-t-il ? Il ne faut pas l'observer longtemps pour s'en rendre compte : il joue à être garçon de café[14]. »**

Mais, j'arrête, le moment est venu de passer à table. ♦

14. *Ibid.*, p. 94.

SUJETS DE CONVERSATION À TABLE

①

Servez un plat différent à chacun de vos invités, qui correspond à un régime particulier. Cela demande un petit peu plus de travail, mais c'est bien la preuve que vous savez recevoir et mettre la table pour une discussion des plus passionnantes sur les cures miracles.

②

Qui n'a pas fait un régime un jour ou l'autre et s'est toujours gardé de le dire ? Le moment est venu pour chaque convive de passer aux aveux et de faire part de son expérience. Les surprises et autres fous rires ne devraient pas manquer.

③

Quel aliment, a priori peu recommandable pour la santé, ne parvenez-vous vraiment pas à supprimer de votre assiette, et ce, malgré vos efforts répétés ? En vous confessant, les autres invités vous aideront certainement à trouver des « trucs » pour enfin vous débarrasser de cette « mauvaise » habitude !

④

Petit exercice de groupe : tandis que vous partagez un somptueux repas entre amis, tentez ensemble de définir l'alimentation idéale. Notez les résultats et essayez de suivre les recommandations jusqu'au prochain rendez-vous avec les mêmes compagnons. Vous aurez ainsi l'occasion de vérifier votre assiduité et votre volonté en toute confiance, tout en sachant qu'il ne s'agit là que d'un jeu !

LECTURES SUGGÉRÉES

→ Timothy Caulfield, *Is Gwyneth Paltrow Wrong About Everything ? : When Celebrity Culture and Science Clash*, Toronto, Penguin Canada Books, 2015.

→ Matt Fitzgerald, *Diet Cults : The Surprising Fallacy at the Core of Nutrition Fads and a Guide to Healthy Eating for the Rest of US*, New York, Pegasus Books, 2014.

→ Jean-Paul Sartre, *L'existentialisme est un humanisme*. On peut trouver le texte sur ce site :

[www.danielmartin.eu/Textes/Existentialisme.htm]

athènes

— Chapitre 10 —

À LA SAUCE STOÏQUE

MANGER, OUI, MAIS COMMENT ?

Entre les mœurs alimentaires propres à chaque culture, les recommandations de l'Organisation mondiale de la santé, les soi-disant bienfaits d'un aliment plutôt qu'un autre, les régimes ou encore les dernières découvertes des nutritionnistes, difficile de s'y retrouver. Faut-il être un mangeur apollinien ou dionysiaque ? C'est-à-dire, pour faire simple, doit-on choisir notre nourriture avec notre esprit ou notre cœur ? Bien malin qui peut répondre à cette question.

Comment concilier le monde de l'alimentation tel qu'il est avec notre propre assiette ? Pour y répondre, sans prétendre être bien malin pour autant, il serait peut-être bon d'aller voir du côté du stoïcisme.

Manger philosophiquement

La philosophie est souvent perçue comme une activité hautement spéculative, plutôt désincarnée, dont la valeur pratique est limitée. Toutefois, comme l'historien de la philosophie Pierre Hadot (1922–2010) l'a rappelé, dans l'Antiquité, elle était avant tout un mode de vie, et cela est tout particulièrement vrai pour les stoïciens.

Aujourd'hui, notamment pour cette raison, le stoïcisme connaît un renouveau extraordinaire. La preuve : une équipe de l'Université d'Exeter, en Angleterre, organise chaque année une semaine stoïcienne, la Stoic Week, qui est suivie par des gens partout sur la planète. Cette manifestation à laquelle tout le monde peut participer, entres autres par internet, vise à découvrir et à mettre en pratique les concepts stoïciens dans la vie quotidienne.

Par ailleurs, le stoïcisme a été revendiqué par Albert Ellis et Aaron T. Beck, les créateurs des thérapies cognitivo-comportementales (TCC), comme l'une de leurs principales sources d'inspiration, et les TCC comptent parmi les psychothérapies les plus efficaces.

Cela incite à penser que bien des intuitions stoïciennes sont justes, en particulier l'idée centrale de la doctrine selon laquelle nos émotions sont liées à nos pensées et à nos croyances. Les concepts stoïciens peuvent aussi, pourquoi pas, nous aider à manger conformément à un idéal choisi et à éviter, pour qui les adopte, de sombrer dans les pièges de nombreuses recommandations en matière d'alimentation.

« Ne reste pas au ras
du sol !
Ne t'élève pas trop haut !
C'est à mi-hauteur
Que le monde apparaît
le plus beau. »

Nietzsche

Épictète.

Les chefs stoïciens

Le stoïcisme tire son nom du portique (*stoa*) sous lequel enseignait le fondateur de la doctrine, Zénon de Citium (335–264 av. J.-C.), à Athènes.

Cette philosophie comprend d'emblée une logique, étonnamment en avance sur son temps, dont les mérites n'apparaîtront pleinement que bien plus tard, avec la logique mathématique moderne.

À Rome, le stoïcisme connaît ensuite une immense popularité qu'incarnent quatre figures importantes : Sénèque (4–65), Musonius Rufus (30–100), Épictète (50–v. 130) et Marc Aurèle (121–180).

Sénèque, avocat et auteur dramatique, est très engagé dans la vie politique romaine. En 49, il devient même le précepteur du futur empereur Néron. Il laisse de nombreux écrits, parmi lesquels des traités, mais aussi des lettres très stoïciennes adressées à un certain Lucilius, portant sur une grande variété de sujets pratiques. Parmi des dizaines d'autres thèmes, il y traite des bienfaits, de l'ingratitude, de la reconnaissance, de l'ivresse, du luxe, de l'avarice et de la peur de la mort.

Tombé en disgrâce, Néron, son ancien élève, lui demandera de se suicider, ce qu'il fera... avec beaucoup de stoïcisme, semble-t-il.

S'il est moins connu aujourd'hui, Rufus est à l'époque un penseur célèbre et admiré : l'empereur Julien le compare même à Socrate. Rufus souligne sans cesse l'importance des pratiques quotidiennes en philosophie, semblable en cela aux autres stoïciens. Il n'a probablement rien écrit, mais ses idées nous sont connues par des compilations d'élèves créées à partir de son enseignement oral.

Épictète, ancien élève de Rufus, est un des grands moralistes de l'Antiquité, voire de tous les temps. Esclave d'un affranchi de Néron, il est libéré, boiteux, autour de 68. Une anecdote le montre devant son maître qui lui tord la jambe dans un appareil de torture. Épictète, calmement, le met en garde : « Tu vas la casser. » Le membre casse sans grande surprise et le stoïcien déclare : « Je te l'avais dit : tu l'as cassée. » Lui non plus n'a rien écrit, mais un disciple conserve ses *Entretiens* ainsi qu'une sorte de résumé de ses idées : le *Manuel*. Épictète a de même une conception très pratique de la philosophie, centrée sur l'éthique.

Marc Aurèle, finalement, est empereur de Rome — ce qui confirme l'étendue de l'attrait pour le stoïcisme, qui fait des adeptes partout, des esclaves au sommet de la société. Ses *Pensées* (ou *Pensées pour moi-même*) sont une sorte de journal philosophique rédigé en pleine campagne militaire dans lequel l'auteur s'adresse à lui-même et se prodigue conseils et encouragements. Il s'agit, cette fois encore, d'un texte sur la pratique conduisant à une vie vertueuse.

Un singulier destin : Musonius Rufus

Les idées de Musonius Rufus sont exposées dans des leçons et l'une d'elles, la leçon XVIII, porte précisément sur la nourriture. Le sujet y est pris très au sérieux. Selon le philosophe, l'apprentissage de la frugalité est un aspect important du développement de la maîtrise de soi, qui est une vertu fondamentale. La nourriture est indispensable au corps qu'elle nourrit, justement par la digestion, ce qui ne procure aucun plaisir. Celui que nous prenons à la consommation des aliments, lui, n'est pas nécessaire, et il est même dangereux puisqu'il conduit au dérèglement qu'est la gourmandise et, avec elle, au souci excessif apporté à la préparation et à la présentation des mets ainsi qu'à une alimentation nocive pour la santé. Résister à ces dérèglements est difficile, mais essentiel.

Pour y parvenir, Rufus préconise un régime lactovégétarien (sans viande) composé, si possible, d'aliments crus, peu chers, et facilement disponibles : miel, fruits et légumes de saison, mais aussi fromage et grains.

Statue équestre de Marc Aurèle.

Stoïque et fier de l'être

On présente souvent le stoïcisme et ses trois doctrines — la logique, l'éthique et la physique — comme un œuf, une métaphore déjà utilisée par les Anciens.

L'écaille représente la logique et comprend, outre cette science du raisonnement valable, ce que nous nommons aujourd'hui la théorie de la connaissance ; le blanc représente l'éthique, qui répond à la question de savoir comment vivre une bonne vie, individuellement, mais aussi collectivement : en ce sens, elle comporte des éléments que nous désignons comme le politique ; le jaune de l'œuf, enfin, représente la physique, par laquelle les stoïciens désignent ce que nous considérons comme le savoir acquis par l'ensemble de nos sciences.

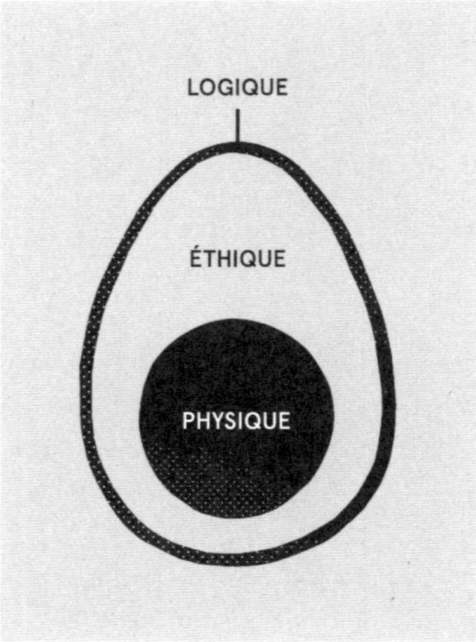

Chacune de ces trois disciplines philosophiques touche à une dimension de la vie humaine et possède une vertu correspondante. Massimo Pigliucci, un philosophe qui s'efforce, depuis 2004, de vivre selon les préceptes du stoïcisme, synthétise habilement tout cela en montrant les liens entre les sphères de la vie humaine (le désir, l'action, l'assentiment), les disciplines stoïciennes qui les éclairent (la logique, l'éthique, la physique) et les vertus concernées chaque fois (le courage et la tempérance, la justice, la sagesse pratique). Pigliucci ajoute aussi une maxime stoïcienne qui résume le tout.

Dans le langage courant, on décrit une personne stoïque comme quelqu'un qui reste impassible devant les événements. Il est vrai que les stoïciens aspirent à ce calme intérieur qui permet de ne pas être atteint par les circonstances. Toutefois, ils ne sont pas, comme on le dit trop souvent, des êtres indifférents qui n'éprouvent rien, des M. Spock (le créateur de ce personnage s'est d'ailleurs inspiré de sa compréhension, fautive, de la pensée stoïcienne…), mais il est vrai qu'ils refusent de se laisser dominer par des émotions qu'ils n'ont pas choisi de ressentir. Ils luttent contre les sentiments négatifs et troublants (la colère, l'envie, la haine…), tout en favorisant les sentiments positifs (le souci d'autrui et l'amour de l'humanité, par exemple).

Selon eux, le but de la philosophie est de mener une vie conforme à la vertu, qui est le bien suprême. Les autres, ceux qui sont couramment convoités par la plupart des gens (la carrière, l'argent, la gloire…), sont fondamentalement des biens indifférents, en ce sens qu'ils ne sont pas entièrement en notre pouvoir et ne conduisent pas à une vie vertueuse ; et, s'ils sont vraiment des biens, comme la santé et les amis, ce sont néanmoins toujours des biens indifférents, quoique préférés à leur contraire.

Sans entrer plus avant dans les détails de ce système, il convient de considérer l'un des aspects les plus concrets de la doctrine lié à une des grandes idées du stoïcisme : en pratiquant ce que Pierre Hadot

Le survivant

1967. Un homme ensanglanté se trouve au fond d'un cachot au Viêtnam. Il s'agit de James Bond Stockdale, pilote dans l'armée américaine.

En 1961, à 38 ans, après vingt années passées dans les cockpits, Stockdale décide de reprendre des études à l'Université Stanford. Il entend devenir planificateur financier pour le Pentagone, mais la formation qu'il reçoit, en bonne partie en matière de politique étrangère, le déçoit. Il est vrai qu'il est plus âgé que ses collègues et que, riche de son passé dans l'armée, il a déjà une bonne connaissance des sujets qui sont abordés dans ses cours.

Néanmoins, en 1962, sans grand enthousiasme, il entreprend sa seconde année. Au début de la session, alors qu'il traîne du côté du Département de philosophie, il fait la rencontre du professeur Philip Rhinelander. Aussitôt les deux hommes sympathisent, d'autant que Rhinelander a été soldat durant la Seconde Guerre mondiale. Il propose à Stockdale de suivre son cours intitulé *The Problems of God and Evil* et, comme la session est déjà entamée, de le recevoir chez lui pour rattraper le temps perdu afin qu'il puisse y assister à la deuxième session.

Dès lors, Stockdale se rend régulièrement chez Rhinelander, qui l'initie à Platon, Aristote, Hume, Kant et bien d'autres penseurs. Il rattrape bientôt son retard et finit par se détourner de la politique internationale pour s'intéresser à la philosophie.

À l'occasion de sa dernière rencontre particulière, alors qu'il s'apprête à prendre congé, Rhinelander s'empare d'un livre dans sa bibliothèque et le lui offre. C'est le *Manuel* d'Épictète, l'*Enchiridion*, comme on l'appelle parfois, du mot grec qui signifie « manuel ».

Stockdale lit l'ouvrage avec une telle passion qu'Épictète devient l'auteur le plus important de sa vie. Il ne sait pas encore que cette lecture jouera un rôle considérable dans les années futures.

Son diplôme en poche, il reprend du service comme pilote. Le 9 septembre 1965, alors qu'il est en mission au Nord-Viêtnam, il doit s'éjecter de son avion. Il atterrit dans un petit village où il est aussitôt fait prisonnier.

Durant les sept ans et demi de sa captivité, il sera sans arrêt torturé, battu, humilié et privé de soins médicaux. Après sa libération, le 12 février 1973, il ne cessera de répéter qu'il a surmonté toutes ces épreuves grâce à Épictète, les pensées stoïciennes du philosophe lui ayant permis de faire preuve de dignité dans l'adversité.

Source : James Bond Stockdale, *Thoughts of a Philosophical Fighter Pilot*, Stanford (CA), Hoover Institution Press, 1995.

Dilemme alimentaire.

appelle, un peu à regret, des « exercices spirituels », il nous est possible de prendre une distance cognitive vis-à-vis de nos réactions spontanées face aux événements, distance qui permet de les voir pour ce qu'elles sont, soit des impressions et des idées et non la réalité.

En ayant en tête cette précieuse distinction, on parvient à vivre en discernant ce qui dépend de nous (nos réactions et nos pensées que l'on peut modifier) et ce qui n'en dépend pas. Plus précisément, dans une activité donnée (les jeux de hasard, l'alimentation…), cette distinction invite à se fixer des buts internes à cette même activité, atteignables parce qu'ils dépendent de nous : jouer la meilleure partie et ne pas gagner, par exemple.

De la sorte, on construit peu à peu ce que Pierre Hadot appelle une « citadelle intérieure ».

Manger bien ou manger mal

Nombreux sont les dilemmes alimentaires où le stoïcisme peut être mis à l'épreuve. Dans ces cas-là, il n'est pas toujours évident de prendre la bonne décision. Par exemple, lorsque nous devons choisir entre deux plats — et deux plats seulement : une poutine ou un hamburger de viande maigre.

La logique nous suggère de faire attention puisque la poutine a la réputation d'être néfaste pour la santé. L'éthique a aussi son mot à dire puisque la consommation de viande rouge est préjudiciable à l'environnement (sans parler de l'élevage du bétail). Reste la physique, qui ne permet pas de trancher pour autant. En effet, bien des études démontrent que manger de la viande rouge est source de cancer et de maladies cardiovasculaires, tandis que d'autres ont prouvé que la teneur en gras de la poutine met en péril la santé[1]. Autant dire que nous ne sommes guère plus avancés ! Face à une telle situation, faut-il alors se priver de manger ? Pas sûr, si on se fie aux préceptes du stoïcisme.

Ce dernier se fonde sur une théorie de la connaissance à la fois sensualiste (les sensations sont vraies), rationaliste (la science est fondée sur la raison) et volontariste (toute connaissance suppose un jugement volontaire). À partir de là, l'action libre n'est pas celle qui échappe au destin, mais celle qui s'y soumet en connaissance de cause. C'est ce qui fait dire à Sénèque : « Le destin conduit celui qui y consent, il entraîne celui qui lui résiste[2]. »

Le choix entre la poutine ou le hamburger est donc simple : il n'y en a pas un meilleur que l'autre ! Seule la capacité de l'individu à opter pour ce qui est vrai ou bon pour lui importe et c'est cela qui devient intéressant et pratique : en visant le bien, chacun s'adapte à son destin en usant de la vérité et de la volonté. Devant la poutine ou le hamburger, la réponse de Marc Aurèle est simple : « […] porte-toi secours, si tu as, tant que c'est possible encore, quelque souci de toi-même[3]. »

1. En 2003, à Toronto, un groupe de mères, baptisé The Poutine Police, a exigé le retrait de ce plat du menu des cantines scolaires.
2. Sénèque, *Lettre à Lucilius*, Lettre CVII.
3. Marc Aurèle, *Pensées pour moi-même* suivies du *Manuel d'Épictète*, Paris, Flammarion, coll. « GF », 1992, p. 54.

Peut-on bien se nourrir en une leçon ?

Dans *Diet Cults : The Surprising Fallacy at the Core of Nutrition Fads and a Guide to Healthy Eating for the Rest of Us*, Matt Fitzgerald propose la liste suivante de 10 catégories d'aliments, placés en ordre décroissant de qualité :

« – Légumes
– Fruits

– Noix, graines et huiles bonnes (saines)
– Viandes et fruits de mer de qualité
– Grains entiers
– Produits laitiers

– Grains raffinés
– Viandes et fruits de mer de moins bonne qualité
– Sucreries
– Aliments frits[4] »

Selon lui, les deux premiers aliments sont incontournables, car ils sont essentiels : on a raisonnablement établi qu'il faut en manger abondamment pour maintenir une santé optimale.

Les quatre suivants sont recommandés et les intégrer à notre alimentation est bénéfique pour nous. Il est bien d'en prévoir au menu, à moins d'avoir de bons motifs de ne pas le faire — une raison éthique pour ne pas consommer de viande, par exemple, ou un avis médical.

Les quatre derniers sont acceptables. On peut les manger en faible quantité sans effets négatifs sur la santé, mais ils sont nocifs si on les consomme en grande quantité.

Des exercices spirituels pour sculpter sa propre statue

La méditation du matin

Le matin, on s'isole dans un lieu calme et on consacre une dizaine de minutes à passer en revue sa journée, les difficultés qu'on pourra rencontrer et les vertus qu'il faudra déployer.

Le praemeditatio malorum

Cette pratique consiste à imaginer le pire afin de s'y préparer : les stoïciens ne sont pas loin ici d'anticiper sur les bénéfices des

4. Matt Fitzgerald, *Diet Cults : The Surprising Fallacy at the Core of Nutrition Fads and a Guide to Healthy Eating for the Rest of Us*, New York, Pegasus Books, 2014.

Chaque année, les 15 000 membres du Stoicism Group sur Facebook sont invités à participer à la Stoic Week. On leur propose sept jours de lectures, de méditations, d'exercices et d'échanges pour s'initier à la théorie stoïcienne classique et à sa pratique dans le monde actuel. Photographie de Dirk Lindner.

Narcisse, tableau du Caravage, vers 1597. (Galerie nationale d'art ancien, Rome)
Perdu dans son reflet, le personnage ne parvient pas à voir au-delà des apparences. Le stoïcisme invite au contraire à partir de soi-même pour élargir son point de vue, cultiver la maîtrise de soi et la réserve.

thérapies d'aversion. En outre, elle aide à apprécier pleinement ce que l'on a.

Le cercle d'Hiéroclès

Le principe de cet exercice, c'est de partir de soi en visualisant un cercle au centre duquel on se trouve, puis de l'élargir progressivement pour y inclure sa famille, ses amis, sa ville, son pays et, enfin, toute l'humanité. L'effet attendu est de comprendre que l'on fait partie d'un tout et permet ainsi de relativiser ce qui nous arrive.

La valeur morale

Les stoïciens anticipent ici encore sur ce qu'on appelle aujourd'hui la « pleine conscience », en nous invitant à nous rappeler que toutes les décisions que nous prenons ont une dimension morale à laquelle nous devons penser : ce que nous mangeons, quand, où, avec qui...

Les maximes stoïciennes

Il t'est permis, à l'heure que tu veux, de te retirer dans toi-même. Nulle part l'homme n'a de retraite plus tranquille, moins troublée par les affaires. (Marc Aurèle)

Parmi les choses, les unes dépendent de nous, les autres n'en dépendent pas. Celles qui dépendent de nous, ce sont l'opinion, la tendance, le désir et l'aversion : en un mot, tout ce qui est notre œuvre. Celles qui ne dépendent pas de nous, ce sont le corps, les biens, la réputation et les dignités : en un mot, tout ce qui n'est pas notre œuvre. (Épictète)

Ce qui trouble les hommes, ce ne sont pas les choses, mais les jugements qu'ils portent sur les choses. (Épictète)

Ne te conduis pas comme si tu devais vivre des millions d'années. L'inévitable dette est suspendue sur toi. Pendant que tu vis, pendant que tu le peux encore, deviens homme de bien. (Marc Aurèle)

La maîtrise de soi

Cette maîtrise de soi est comme un muscle, affirment les stoïciens, il faut l'entraîner. Pour cela, on se prive volontairement d'un plaisir (une boisson, un aliment) ou on va jusqu'à de grands sacrifices (avoir faim volontairement, par exemple).

La clause de réserve

Lorsqu'une action a été décidée, il s'agit d'imaginer que les choses peuvent ne pas se passer comme prévu et conserver néanmoins sa sérénité tout en restant fidèle au choix fait. Sénèque écrit :

Un retard fatal

« Parmi les choses, les unes dépendent de nous, les autres n'en dépendent pas. » Bien des cuisiniers débordés auraient besoin qu'on leur murmure cette maxime d'Épictète à l'heure du coup de feu. L'un d'eux est même devenu célèbre pour son manque de discernement et de sagesse stoïque.

24 avril 1671. Pâtissier-traiteur, intendant et maître d'hôtel au service du Roi-Soleil, incapable de supporter l'odieux retard du livreur de poissons prévus pour le festin offert par le prince de Condé auquel devait assister 3000 invités, François Vatel s'embroche sur son épée. Il n'a pas supporté « cet affront ». Le pauvre... Les paniers de poissons arrivent sur ces entrefaites et s'ajoutent aux deux autres déjà sur les lieux. L'honneur est sauf, mais un homme est mort. Qu'à cela ne tienne, la fête en l'honneur de Louis XIV se poursuit...

Marché au poisson, tableau de Frans Snyders et Cornelis de Vos, 1620-1630.

« C'est la raison pour laquelle nous affirmons qu'il n'arrive rien au sage qu'il n'ait prévu : nous le voyons à l'abri non des déboires humains mais des erreurs humaines et pour lui, tout se termine non pas selon sa volonté mais selon ses prévisions. Or, ce qu'il prévoit principalement, c'est qu'un obstacle peut toujours contrecarrer ses projets. Il est, par ailleurs, inévitable que l'âme ressente moins profondément une douleur due à une déception, quand on n'a pas cru d'avance la réussite assurée[5]. »

La méditation du soir

La journée se termine sur une méditation. C'est l'occasion de revenir sur ce qu'on a fait de bien (pour s'en féliciter), de mal (pour en prendre note) et d'examiner pourquoi. On réfléchit également sur ce qu'on a omis de faire et pour quelle raison. Le but est d'en tirer des leçons. Cette méditation peut prendre entre 10 et 15 minutes. ♦

5. Sénèque, *De la tranquillité de l'âme*, traduit du latin par Colette Lazam, Paris, Payot & Rivages, 2016, p. 126.

Thoreau, l'inclassable

Henry David Thoreau (1817–1862), qui fut notamment philosophe, poète, précurseur de l'écologie et de la simplicité volontaire, libre penseur et libertaire, est né à Concord, au Massachusetts, le 12 juillet 1817. Il mourra dans cette même ville, qui était le centre du mouvement transcendantaliste (qu'on peut décrire comme une variante américaine du romantisme européen), le 6 mai 1862.

À notre époque, le grand public se souvient de lui surtout pour deux raisons : la première, sa défense du droit — et même du devoir — des citoyens de refuser d'obéir à des ordres immoraux de l'État et de suivre les diktats de leur conscience lorsqu'elle leur commande de ne pas acquiescer à ce qui est exigé d'eux par le pouvoir.

Paru en 1849, l'essai *Civil Disobedience* (*La désobéissance civile*) aura un immense retentissement et c'est d'ailleurs en le lisant, en 1907, que Gandhi développera ses idées sur le *satyagraha*, une variante de la résistance passive.

Au nom de cet exigeant principe, Thoreau s'opposera à l'esclavage, qui sévit dans son pays, et à la guerre contre le Mexique. Il préconisera le refus de reconnaître un État illégitime (comme celui qui défend et pratique l'esclavage), de coopérer avec ses représentants et d'acquitter les taxes et les impôts qui lui sont dus — pour tout cela, il fera de la prison en 1846.

La seconde raison pour laquelle le nom de Thoreau est aujourd'hui encore largement connu est cette expérience de vie solitaire et autarcique qu'il mena durant un peu plus de deux ans, entre 1845 et 1847, dans un refuge qu'il avait lui-même construit près de l'étang de Walden. Une reconstruction de cette cabane est à présent un lieu touristique fort visité.

De cette expérience, Thoreau tire un livre intitulé *Walden ou La vie dans les bois*. Il y est notamment question de la cuisson du pain, de ce pain qui, dit-il, « toujours nous fait du bien* ».

Après quelques essais, avec diverses combinaisons de farines, de sel, de levure et de modes de cuisson, il reviendra à une recette semblable à celle, toute simple, que donnait déjà l'homme politique romain Marcus Porcius Cato (234-149 av. J.-C.) dans l'Antiquité. Thoreau le cite en écrivant : « Lavez-vous bien les mains et lavez de même la huche. Mettez la farine dans la huche, arrosez d'eau progressivement, et pétrissez complètement. Une fois qu'elle est bien pétrie, façonnez-la et cuisez à couvert [c'est-à-dire dans un four à pain]**. »

Thoreau s'essaiera au pain sans levain, mais en ajoutant des raisins secs à la pâte, ce qui fera dire à certains qu'il est l'inventeur du pain aux raisins***. Cette hypothèse ne résiste cependant pas à l'analyse, puisque des recettes de ce type sont bien antérieures à la sienne.

* Henry David Thoreau, *Walden ou La vie dans les bois*, Paris, Gallimard, coll. « L'Imaginaire », 1990.
** *Ibid*., p. 76.
*** « Did Henry David Thoreau Invent Raisin Bread ? » [www.laphamsquarterly.tumblr.com/post/27123226215/did-henry-david-thoreau-invent-raisin-bread]

Un pain aux raisins en souvenir de Thoreau

Très loin de la vie rudimentaire de Walden, voici la version moderne et délicieuse de pain aux raisins à la mijoteuse de Ricardo, un clin d'œil à mon ami cuisinier qui est un peu beaucoup à l'origine de cette *Table des philosophes*.

310 ml (1 ¼ tasse) de lait tiède

60 ml (¼ tasse) de miel

100 g (1 tasse) de flocons d'avoine à cuisson rapide

10 ml (2 c. à thé) de levure instantanée

375 g (2 ½ tasses) de farine tout usage non blanchie

7,5 ml (1 ½ c. à thé) de sel

30 ml (2 c. à soupe) de beurre fondu

2,5 ml (½ c. thé) de cannelle moulue

70 g (½ tasse) de raisins secs

–

Beurrer un moule à pain de 25 × 10 cm (10 × 4 po). S'assurer qu'il s'insère dans la cuve de la mijoteuse.

Dans un bol, mélanger le lait et le miel. Incorporer l'avoine et la levure.

Dans le bol d'un batteur sur socle à l'aide du crochet à pétrir, mélanger la farine et le sel. Creuser un puits. Ajouter le mélange de lait. Pétrir la pâte 2 minutes. Incorporer le beurre fondu en filet et pétrir la pâte de 2 à 3 minutes ou jusqu'à ce qu'elle soit lisse.

Sur un plan de travail fariné, abaisser la pâte en un rectangle de 35 × 25 cm (14 × 10 po). Saupoudrer la cannelle et répartir les raisins sur toute la surface de la pâte. Rouler la pâte en un rouleau de 25 cm (10 po). Placer le rouleau dans le moule, le joint en dessous. Badigeonner légèrement d'eau le dessus de la pâte et parsemer de flocons d'avoine. Placer le moule dans la mijoteuse. Couvrir d'un linge humide et laisser gonfler 30 minutes.

Verser 125 ml (½ tasse) d'eau dans le fond de la mijoteuse. Couvrir et cuire à haute température (*High*) 4 heures. Le pain déborde légèrement du moule et a tendance à creuser dans le centre.

Laisser tiédir sur une grille. Démouler et laisser refroidir complètement.

Source : [www.ricardocuisine.com]

SUJETS DE CONVERSATION À TABLE

①

Autour de la table, arrêtez-vous sur un plat et considérez-le à la manière des stoïciens, c'est-à-dire du point de vue logique (est-ce bon pour moi ?), éthique (est-ce bien ?) et physique (qu'en dit la science ?). Une fois l'exercice terminé, décidez si c'est une bonne idée ou non de le déguster.

②

Demandez à chacun de vos convives ce qu'ils font lorsqu'ils se trouvent dans des restaurants qui ne sont pas particulièrement réputés pour servir des aliments faibles en gras. Quels mets commandent-ils préférablement ?

③

Pour la santé, faut-il privilégier les repas à la maison ? Qu'en pensent vos amis ? Combien de fois par mois vont-ils au restaurant ? Seraient-ils prêts à y aller moins souvent ?

LECTURES SUGGÉRÉES

À lire en priorité :

→ Le *Manuel* d'Épictète et les *Pensées pour moi-même* de Marc Aurèle.

De Pierre Hadot, cet historien de la philosophie malheureusement trop peu connu, même des philosophes :

→ *La citadelle intérieure : introduction aux* Pensées *de Marc Aurèle*, Paris, Fayard, 1992 ; *Qu'est-ce que la philosophie antique ?*, Paris, Gallimard, coll. « Folio essais », 1995 ; *La philosophie comme manière de vivre : entretiens avec Jeannie Carlier et Arnold I. Davidson*, Paris, Albin Michel, coll. « Itinéraires du savoir », 2001.

Un bon moyen de se familiariser avec le stoïcisme :

→ Elen Buzaré, *Stoic Spiritual Exercices*, Lulu, 2011.

[www.lulu.com]

On peut suivre l'expérience de Massimo Pigliucci sur ce site :

→ How to Be a Stoic.

[www.howtobeastoic.wordpress.com]

Au sujet de la Stoic Week :

→ Le guide du participant (en anglais) peut être téléchargé ici :

[www.modernstoicism.com]

→ À lire aussi pour comprendre ce qu'est la Stoic Week :

[www.lejournalinternational.info/semaine-peau-dun-stoicien-durant-stoic-week-2016]

La cuisine de la petite ville, tableau de Léon Frédéric (1856-1940).
Le repas est terminé, le temps n'est plus à philosopher mais à ranger.
Pourtant, la vaisselle est encore un bon moment pour réfléchir...